Wartezeit

10-Minuten-Geschichten

Wartezeit

10-Minuten-Geschichten
der Weltliteratur

Edition Büchergilde

Lizenzausgabe für die Edition Büchergilde • Copyright © 2010
Büchergilde Gutenberg, Frankfurt am Main, Wien und Zürich
• Alle Rechte vorbehalten • Umschlaggestaltung: Angelika
Richter, Heidesheim • Herstellung: Katrin Jacobsen, Frank-
furt am Main • Gesetzt aus der New Caledonia bei Pinkuin
Satz und Datentechnik, Berlin • Druck und Bindung: CD-
Paper Products, Braine L'Alleud • Printed in China 2010 •
ISBN 978-3-940111-72-2 • www.edition-buechergilde.de

Inhalt

Truman Capote
Weihnachtserinnerungen

Stellen Sie sich einen Morgen Ende November vor. Einen Winteranfangsmorgen vor über zwanzig Jahren. Versetzen Sie sich in die Küche eines weitläufigen alten Hauses auf dem Lande. Ihr wesentliches Merkmal ist ein wuchtiger schwarzer Herd; aber es gibt auch einen großen runden Tisch und einen offenen Kamin, vor dem zwei Schaukelstühle stehen. Erst heute begann der Kamin jahreszeitgemäß zu prasseln.

Eine Frau mit kurzgeschorenen weißen Haaren steht am Küchenfenster. Sie trägt Tennisschuhe und einen unförmigen grauen Pullover über einem sommerlichen Kattunkleid. Sie ist klein und lebhaft, wie ein Zwerghuhn; aber infolge einer langen Krankheit in der Jugend sind ihre Schultern mitleiderregend gekrümmt. Ihr Gesicht ist bemerkenswert – nicht unähnlich dem von Lincoln, zerklüftet wie seines, und von Sonne und Wind gefärbt; aber es ist auch zart, feinknochig, und ihre Augen sind sherryfarben und ängstlich. »Du meine Güte«, ruft sie aus, und ihr Atem beschlägt die Fensterscheibe, »es ist Früchtekuchenwetter!«

Die Person, zu der sie spricht, bin ich. Ich bin sieben; sie ist über sechzig. Wir sind miteinander verwandt, sehr entfernt, und wir leben zusammen –

schon seit ich mich erinnern kann. Es wohnen noch andere Leute im Haus, Familienangehörige; und obwohl sie Macht über uns haben und uns häufig zum Weinen bringen, haben wir, im Großen und Ganzen, nicht allzu viel mit ihnen zu tun. Wir beide sind uns selbst die besten Freunde. Sie nennt mich Buddy, zum Andenken an einen Jungen, der früher ihr bester Freund war. Der andere Buddy starb in den 1880er Jahren, als sie noch ein Kind war. Sie ist noch immer ein Kind.

»Ich wusste es schon, bevor ich aufstand«, sagt sie, als sie sich vom Fenster abwendet, ein zielstrebiges Leuchten in den Augen. »Die Schläge der Dorfuhr klangen so kalt und klar. Und es waren keine Vögel zu hören; sie sind in wärmere Gefilde gezogen, in der Tat. Ach, Buddy, hör auf, dich vollzustopfen, und hol unser Wägelchen. Hilf mir, meinen Hut zu suchen. Wir müssen dreißig Kuchen backen.«

Es ist immer das Gleiche: Ein Morgen im November kommt, und meine Freundin, wie um offiziell die Weihnachtszeit einzuläuten, die ihre Phantasie beflügelt und das Feuer in ihrem Herzen anfacht, verkündet: »Es ist Früchtekuchenwetter! Hol unser Wägelchen. Hilf mir, meinen Hut zu suchen.«

Der Hut wird gesucht und gefunden, ein Wagenrad aus Stroh, garniert mit Samtrosen, die der Aufenthalt im Freien ausgebleicht hat: Er gehörte früher einer modebewussteren Verwandten. Gemeinsam ziehen wir unser Wägelchen, einen klapprigen Kinderwagen, hinaus in den Garten und in ein

Gehölz aus Pekannussbäumen. Der Kinderwagen gehört mir; das heißt, er wurde für mich gekauft, als ich geboren wurde. Er ist aus Korbgeflecht, inzwischen ziemlich lädiert, und die Räder wackeln wie die Beine eines Betrunkenen. Aber er leistet uns treue Dienste; im Frühling nehmen wir ihn mit in den Wald und füllen ihn mit Blumen, Kräutern, wildem Farn für unsere Verandatöpfe; im Sommer beladen wir ihn mit unseren Picknicksachen und Zuckerrohrangeln und schieben ihn hinunter an den Bach; auch im Winter findet er Verwendung: als Karren, um Brennholz vom Hof in die Küche zu schaffen, als warmes Bett für Queenie, unseren zähen orangeweißen kleinen Terrier, der die Staupe und zwei Klapperschlangenbisse überlebt hat. Queenie trottet auch jetzt neben ihm her.

Drei Stunden später sind wir wieder in der Küche und schälen eine gehäufte Kinderwagenladung aufgelesener Pekannüsse. Vom vielen Bücken tut uns der Rücken weh: wie schwer sie zu finden waren (die Haupternte wurde bereits von den Bäumen geschüttelt und verkauft, nicht von uns, sondern von den Besitzern des Wäldchens) zwischen dem alles bedeckenden Laub, dem mit Reif überzogenen, trügerischen Gras. Krrrack! Ein fröhliches Knacken, wie Fetzen von fernem Donnergrollen, wenn die Schalen aufbrechen und der glänzende Berg aus süßem öligem elfenbeinfarbenem Fruchtfleisch in der Milchglasschüssel anwächst. Queenie bettelt um eine Kostprobe, und hin und wieder steckt ihr meine

Freundin ein Bröckchen zu, obwohl sie behauptet, dass wir uns dadurch selber schaden. »Wir dürfen ihr nichts geben, Buddy. Wenn wir damit anfangen, hören wir nicht mehr auf. Und es ist ohnehin kaum genug da. Für dreißig Kuchen.« In der Küche wird es dunkel. Die Abenddämmerung verwandelt das Fenster in einen Spiegel: Unsere Spiegelbilder verschmelzen mit dem aufgehenden Mond, während wir am offenen Kamin im Feuerschein arbeiten. Schließlich, als der Mond schon sehr hoch steht, werfen wir die letzte Schale ins Feuer und sehen mit einem Seufzer zu, wie sie Feuer fängt. Der Kinderwagen ist leer, die Schüssel randvoll.

Wir essen zu Abend (kalte Maisbrötchen, Speck, Brombeermarmelade) und besprechen den nächsten Tag. Morgen beginnt die Arbeit, die ich am liebsten mag: das Einkaufen. Kirschen und Zitronat, Ingwer und Vanille und dosenweise Hawaii-Ananas, dazu Orangeat und Rosinen und Walnüsse und Whiskey und soundso viel Mehl, Butter, soundso viele Eier, Gewürze, Essenzen: Wir werden bestimmt ein Pferd brauchen, um unser Wägelchen nach Hause zu ziehen.

Doch bevor diese Einkäufe getätigt werden können, erhebt sich die Frage, wie das alles bezahlen. Wir beide haben kein Geld, abgesehen von minimalen Beträgen, die andere Personen im Haus gelegentlich bereitstellen (zehn Cent gelten bereits als größere Summe), und was wir durch diverse Aktivitäten selbst verdienen: Wir veranstalten Trödelmärkte, verkaufen Eimer voll selbstgepflückter Brombeeren, Gläser mit selbstgemachter Marmelade und Apfelgelee und eingeweckten Pfirsichen, holen Blumen für Beerdigungen und Hochzeiten. Einmal haben wir den neunundsiebzigsten Preis, fünf Dollar, bei einem landesweiten Football-Preisausschreiben gewonnen. Nicht dass wir die blasseste Ahnung von Football hätten. Aber wir nehmen an jedem Preisausschreiben teil, von dem wir erfahren: Derzeit richten sich unsere Hoffnungen auf den 50 000-Dollar-Hauptpreis, der für den Namen einer neuen Kaffeemarke winkt (wir schlugen »Göttertrank« vor; und, nach einigem Zögern, da meine Freundin fand, es könnte vielleicht ein Sakrileg sein, den Slogan »Göttertrank! Gott sei Dank!«). Um die Wahrheit zu sagen, unser einziges *wirklich* einträgliches Geschäft war das Unterhaltungs- und Kuriositätenmuseum, das wir im Sommer vor zwei Jahren im Holzschuppen hinten im Hof einrichteten. Die Unterhaltung war ein Stereoskop mit Ansichten von Washington und New York, das uns eine Verwandte geliehen hatte, die schon in diesen Städten gewesen war (sie war furchtbar wütend, als sie herausfand, warum wir es uns geborgt hatten); die Kuriosität war ein dreibeiniges Küken, das eine unserer eigenen Hennen ausgebrütet hatte. Jeder hier in der Gegend wollte das Küken sehen: Als Eintritt verlangten wir von Erwachsenen fünf Cent, von Kindern zwei Cent. Und nahmen über zwanzig Dollar ein, bevor das Museum infolge des Ablebens der Hauptattraktion schloss.

Aber irgendwie schaffen wir es jedes Jahr, Rücklagen für Weihnachten zu bilden, eine Art Früchtekuchen-Fonds. Dieses Geld verwahren wir in einem uralten Perlentäschchen unter einem losen Brett unter dem Fußboden unter einem Nachttopf unter dem Bett meiner Freundin. Das Täschchen wird selten aus seinem sicheren Versteck geholt, außer um eine Einzahlung oder, was jeden Samstag der Fall ist, eine Abhebung vorzunehmen; denn samstags werden mir zehn Cent zugebilligt, damit ich ins Kino gehen kann. Meine Freundin war noch nie im Kino und hat dies auch nicht vor: »Ich möchte lieber, dass du mir den Film erzählst, Buddy. Auf diese Weise kann ich ihn mir besser vorstellen. Außerdem sollte man in meinem Alter sein Augenlicht nicht verplempern, wenn der Herr kommt, will ich ihn klar und deutlich sehen.« Außer dass sie noch nie einen Film gesehen hat, hat sie auch noch nie in einem Restaurant gegessen, sich mehr als fünf Meilen von zu Hause entfernt, ein Telegramm bekommen oder geschickt, etwas anderes als Comic-Hefte und die Bibel gelesen, Make-up benutzt, geflucht, einem Menschen Böses gewünscht, vorsätzlich gelogen, einen hungrigen Hund hungern lassen. Hier einige Dinge, die sie tut oder kann: mit einer Hacke die größte Klapperschlange töten, die je in unserem Bezirk gesehen wurde (sechzehn Rasselsegmente), Tabak schnupfen (heimlich), Kolibris zähmen (versuchen Sie es mal), bis sie sich auf ihren Finger setzen, Gespenstergeschichten erzählen (wir glauben beide an Gespenster), die so schauerlich sind, dass man sogar im Juli eine Gänsehaut bekommt, Selbstgespräche führen, im Regen spazierengehen, die schönsten Kamelien im Ort züchten, sämtliche traditionellen indianischen Heilmittel herstellen, einschließlich eines garantiert wirkenden Warzenentferners.

Nachdem wir zu Abend gegessen haben, ziehen wir uns in das Zimmer in einem abgelegenen Teil des Hauses zurück, in dem meine Freundin unter einer Patchworkdecke in einem Eisenbett schläft, das rosarot gestrichen ist, ihrer Lieblingsfarbe. Still und stumm, die Freude an unserem heimlichen Tun auskostend, holen wir das Perlentäschchen aus seinem Versteck und schütten den Inhalt auf die Patchworkdecke. Dollarscheine, fest zusammengerollt und so grün wie Knospen im Mai. Düstere Fünfzigcentstücke, schwer genug, um einem Toten die Augen zu schließen. Hübsche Zehner, die lebhafteste Münze, die, die wirklich klimpert. Fünfcent- und Fünfundzwanzigcentstücke, abgenutzt und glatt wie Flusskiesel. Aber hauptsächlich ein hassenswertes Häufchen bitter riechender Centstücke. Letzten Sommer verpflichteten sich andere im Haus, uns einen Cent je fünfundzwanzig getötete Fliegen zu bezahlen. War das ein Gemetzel im August: als Fliegen ins Jenseits befördert wurden! Aber es war keine Arbeit, auf die wir stolz waren. Und wie wir nun dasitzen und Münzen zählen, ist es, als wären wir wieder dabei, tote Fliegen zu addieren. Weder meine Freundin noch ich haben ein Gedächtnis für Zahlen; wir zählen langsam, verlieren den Faden, fangen von vorne an. Ihren Berechnungen zufolge haben wir 12,73 Dollar. Meinen zufolge genau 13 Dollar. »Hoffentlich hast du dich verzählt, Buddy. Mit dreizehn können wir nichts anfangen. Sonst fallen die Kuchen zusammen. Oder es kommt jemand auf den Friedhof. Mir selbst würde es nicht im Traum einfallen, am Dreizehnten aufzustehen.« Das stimmt: Sie verbringt den Dreizehnten immer im Bett. Also ziehen wir, um auf Nummer sicher zu gehen, einen Cent ab und werfen ihn aus dem Fenster.

Von den Zutaten, die in unsere Früchtekuchen kommen, ist der Whiskey am teuersten und auch am schwersten zu beschaffen: Die Gesetze unseres Bundesstaates verbieten seinen Verkauf. Aber jeder weiß, dass man bei Mr. Haha Jones eine Flasche erwerben kann. Und am nächsten Tag, nachdem unsere prosaischeren Einkäufe getätigt sind, machen wir uns auf den Weg zu Mr. Haha Jones' Geschäftsadresse, einem »sündigen« (um die öffentliche Meinung zu zitieren) Fisch- und Tanzlokal unten am Fluss. Wir waren schon mehrmals dort, und aus dem gleichen Grund; aber in früheren Jahren hatten wir stets mit Hahas Frau zu tun, einer Indianerin mit jodfarbener Haut und mit Wasserstoffsuperoxyd gebleichten Haaren, die immer einen todmüden Eindruck macht. Genau gesagt haben wir ihren Mann noch nie zu Gesicht bekommen, aber wir haben gehört, dass er ebenfalls ein Indianer ist. Ein Riese mit Narben von

Messerstechereien auf den Wangen. Man nennt ihn Haha, weil er so trübsinnig ist, ein Mann, der niemals lacht. Als wir uns seinem Lokal nähern (einer großen Blockhütte, die innen und außen mit Ketten schreiend bunter nackter Glühbirnen dekoriert ist und am schlammigen Rand des Flusses im Schutz von Bäumen steht, in denen Spanisches Moos zwischen den Ästen hängt wie graue Schleier), verlangsamen sich unsere Schritte. Selbst Queenie hört auf herumzutollen und bleibt dicht neben uns. In Hahas Lokal wurden schon Leute umgebracht. Zerstückelt. Niedergeschlagen. Ein Fall kommt nächsten Monat vor Gericht. Natürlich ereignen sich diese Vorfälle bei Nacht, wenn die bunten Lichter verrückte Muster werfen und das Grammophon spielt. Tagsüber ist Hahas Lokal schäbig und verlassen. Ich klopfe an die Tür, Queenie bellt, meine Freundin ruft: »Mrs. Haha, Ma'am? Jemand zu Hause?«

Schritte. Die Tür geht auf. Uns bleibt das Herz stehen. Es ist Mr. Haha persönlich! Und er ist *wirklich* ein Riese; er hat *wirklich* Narben; er lächelt *wirklich* nicht. Nein, er stiert uns finster aus satanisch verzogenen Augen an und verlangt zu wissen: »Was wollt ihr von Haha?«

Einen Moment lang sind wir zu gelähmt, um sprechen zu können. Doch dann findet meine Freundin ihre Stimme wieder, die bestenfalls ein Flüstern ist: »Verzeihen Sie, Mister Haha, wir hätten gern einen Liter von Ihrem feinsten Whiskey.«

Seine Augen verziehen sich noch mehr. Ist das die

Möglichkeit? Haha beginnt zu lächeln! Sogar zu lachen. »Wer von euch ist denn der Schluckspecht?«

»Für Früchtekuchen, Mr. Haha. Zum Backen.«

Das ernüchtert ihn. Er runzelt die Stirn. »Pure Verschwendung für guten Whiskey.« Nichtsdestotrotz zieht er sich in sein schummriges Lokal zurück und taucht kurz darauf mit einer unetikettierten Flasche auf, in der sich eine buttergelbe Flüssigkeit befindet. Er demonstriert uns, wie sie in der Sonne funkelt, und sagt: »Zwei Dollar.«

Wir bezahlen ihn mit Fünfern, Zehnern und Centstücken. Aber als er die Münzen wie eine Handvoll Würfel in der hohlen Hand klimpern lässt, wird sein Gesicht auf einmal weicher. »Ich mach euch 'n Vorschlag«, sagt er und kippt das Geld wieder in unser Perlentäschchen, »schickt mir einfach einen von euren Früchtekuchen dafür.«

»Das«, bemerkt meine Freundin auf dem Heimweg, »ist wirklich ein netter Mann. Wir werden eine Extratasse Rosinen in seinen Kuchen tun.«

Der schwarze Herd, geschürt mit Kohlen und Brennholz, glüht wie ein erleuchteter Kürbis. Schneebesen wirbeln, Rührlöffel kreisen in Schüsseln mit Butter und Zucker, Vanille parfümiert die Luft, Ingwer gibt ihr Würze; aromatische, die Nase kitzelnde Düfte erfüllen die Küche, durchdringen das Haus, ziehen auf Rauchwölkchen aus dem Kamin hinaus in die Welt. Nach vier Tagen ist die Arbeit getan. Einunddreißig Kuchen, mit Whiskey angefeuchtet, ruhen auf Fensterbänken und Regalen.

Für wen sie sind?

Für Freunde. Nicht unbedingt hiesige Freunde: Tatsächlich ist der größte Teil für Personen bestimmt, denen wir vielleicht nur ein einziges Mal oder sogar noch nie begegnet sind. Für Menschen, die unsere Bewunderung erregen. Wie Präsident Roosevelt. Wie Pfarrer J. C. Lucey und seine Frau, baptistische Missionare in Borneo, die hier im letzten Winter einen Vortrag gehalten haben. Oder der kleine Scherenschleifer, der zweimal im Jahr durchkommt. Oder Abner Packer, der Fahrer des Sechs-Uhr-Busses aus Mobile, der uns jeden Tag zuwinkt, wenn er in einer Staubwolke vorbeisaust. Oder die jungen Wistons, ein Ehepaar aus Kalifornien, deren Auto eines Nachmittags vor dem Haus eine Panne hatte und die sich eine Stunde lang sehr nett mit uns auf der Veranda unterhielten (der junge Mr. Wiston machte ein Foto von uns, das einzige, das je von uns aufgenommen wurde). Ist es, weil meine Freundin allen *außer* Fremden gegenüber schüchtern ist, dass uns diese Fremden, und selbst flüchtige Bekannte, wie unsere treuesten Freunde erscheinen? Ich glaube, ja. Und unsere Sammelalben mit Dankesschreiben auf Briefpapier des Weißen Hauses, gelegentlichen Nachrichten aus Kalifornien und Borneo, billigen Postkarten des Scherenschleifers geben uns das Gefühl, mit der großen, weiten Welt verbunden zu sein, die jenseits der Küche mit ihrem begrenzten Blick auf den Himmel liegt.

Ein dezemberlich kahler Feigenzweig schabt am

Fenster. Die Küche ist leer, die Kuchen sind fort; gestern haben wir die letzten zur Post gebracht, wo die Portokosten unseren letzten Cent auffraßen. Wir sind pleite. Das deprimiert mich, doch meine Freundin besteht darauf zu feiern – mit zwei Fingerbreit Whiskey, die noch in Hahas Flasche sind. Queenie bekommt einen Löffel voll in einen Napf Kaffee (sie mag ihren Kaffee stark und mit Zichorienzusatz). Den Rest teilen wir auf zwei Geleegläser auf. Wir sind beide ganz ehrfürchtig angesichts der Vorstellung, puren Whiskey zu trinken; sein Geschmack löst grimassierende Gesichter und angewidertes Schütteln aus. Doch nach und nach beginnen wir zu singen, jeder von uns ein anderes Lied, und das gleichzeitig. Ich kenne den Text meines Liedes nicht, nur die Zeile: *Come on along, come on along, to the dark-town strutters' ball.* Aber ich kann tanzen: Denn das will ich einmal werden, Stepptänzer beim Film. Mein tanzender Schatten hüpft über die Wände; unsere Stimmen lassen das Geschirr wackeln; wir kichern, als würden uns unsichtbare Hände kitzeln. Queenie rollt sich auf den Rücken, ihre Pfoten pflügen durch die Luft, eine Art Grinsen zieht ihre schwarzen Lefzen auseinander. Tief drinnen bin ich so warm und sprühend wie die zerfallenden Holzscheite, so sorgenfrei wie der Wind im Kamin. Meine Freundin tänzelt um den Herd herum, den Saum ihres armseligen Kattunkleides mit den Fingerspitzen haltend, als wäre es ein Festgewand: *Show me the way to go home*, singt sie, und ihre Tennisschuhe quietschen auf dem Fußboden. *Show me the way to go home.*

Auftritt: zwei Verwandte. Sehr zornig. Mit Augen, die schimpfen, Zungen, die schelten. Hören Sie, was sie zu sagen haben, wie ihre Worte sich zu einer grimmigen Melodie überschlagen: »Ein siebenjähriges Kind! Atem nach Alkohol riecht! hast du den Verstand verloren? siebenjähriges Kind betrunken machen! jetzt total übergeschnappt! der Anfang vom Ende! Kusine Kate vergessen? Onkel Charlie? Onkel Charlies Schwager? dich schämen! skandalös! eine Schande! auf die Knie, beten, den Herrn um Verzeihung bitten!«

Queenie verkriecht sich unter den Herd. Meine Freundin starrt auf ihre Schuhe, ihr Kinn zittert, sie hebt den Rock hoch und schneuzt sich und rennt in ihr Zimmer. Lange nachdem das Dorf schlafen gegangen und das Haus still ist, abgesehen vom Schlagen der Uhren und dem Knistern ausgehender Kaminfeuer, weint sie noch in ihr Kissen, das schon so nass ist wie das Taschentuch einer Witwe.

»Nicht weinen«, sage ich, als ich mich auf das Fußende ihres Betts setze und trotz meines Flanellnachthemds zittere, das noch nach Hustensaft vom letzten Winter riecht, »nicht weinen«, bitte ich, streichle ihre Zehen, kitzle ihre Füße, »dafür bist zu alt.«

»Ich weine«, bringt sie hervor, »*weil* ich zu alt bin. Alt und komisch.«

»Du bist nicht komisch. Sondern lustig. Viel lustiger als alle anderen. Aber wenn du nicht zu weinen aufhörst, bist du morgen so müde, dass wir keinen Baum holen können.«

Sie richtet sich auf. Queenie springt aufs Bett (was Queenie nicht darf) und leckt ihr die Wangen. »Ich weiß, wo wir schöne Bäume finden, Buddy. Und Stechpalmenzweige. Mit Beeren, so groß wie deine Augen. Tief drinnen im Wald. Weiter weg, als wir je waren. Dort hat Papa früher immer unsere Weihnachtsbäume geholt: hat sie auf der Schulter heimgetragen. Das ist fünfzig Jahre her. Ich kann es kaum erwarten, bis es Morgen wird.«

Morgen. Raureif glitzert auf dem Gras; die Sonne, rund wie eine Orange und orangerot wie der Mond im Hochsommer, schwebt am Horizont, lässt den mit Silber überzogenen Wald erstrahlen. Ein wilder Truthahn kollert. Ein entlaufenes Schwein grunzt im Unterholz. Dann, am Rand eines knietiefen, schnell fließenden Wasserlaufs, müssen wir unser Wägelchen zurücklassen. Queenie watet als Erste in den Bach, überquert ihn planschend mit vorwurfsvollem Gebell wegen der starken Strömung, der Lungenentzündung verursachenden Kälte. Wir folgen, unsere Schuhe und Ausrüstung (ein Beil, ein Rupfensack) hoch über den Köpfen tragend. Noch eine Meile: voll scharfer Stacheln, Kletten und dorniger Sträucher, die sich in unserer Kleidung verfangen; voll rostiger Kiefernnadeln, auf denen bunte Pilze und abgeworfene Federn schimmern. Da, dort, ein Aufblitzen, ein Flattern, ein schrilles Kreischen, das uns daran erinnert, dass nicht alle Vögel in den

Süden gezogen sind. Die ganze Zeit windet sich der Pfad durch zitronengelbe Tümpel aus Sonnenlicht und pechschwarze Tunnel aus Kletterpflanzen. Ein weiterer Bach wird überquert: Ein aufgescheuchter Schwarm gesprenkelter Forellen bringt das Wasser um uns herum zum Schäumen, und Frösche, so groß wie Essteller, üben Bauchlandungen; fleißige Biber bauen an einem Damm. Am gegenüberliegenden Ufer schüttelt sich Queenie und zittert. Meine Freundin zittert ebenfalls: nicht vor Kälte, sondern vor Begeisterung. Eine der ramponierten Rosen auf ihrem Hut verliert ein Blütenblatt, als sie den Kopf hebt und den schweren Kieferngeruch einatmet. »Wir sind fast da; riechst du es schon, Buddy?«, sagt sie, als würden wir uns dem Meer nähern.

Und tatsächlich ist es eine Art Meer. Ein Areal würziger Christbäume, stacheliger Stechpalmen. Rote Beeren, so glänzend wie chinesische Glocken: Schwarze Krähen stürzen sich krächzend auf sie. Nachdem wir unseren Sack mit genug Grün und Rot vollgestopft haben, um ein Dutzend Fenster mit Girlanden zu schmücken, gehen wir daran, einen Baum auszusuchen. »Er sollte«, sagt meine Freundin sinnend, »doppelt so groß sein wie ein Junge. Damit kein Junge den Stern stehlen kann.« Der, den wir auswählen, ist doppelt so groß wie ich. Ein tapferer, stattlicher Kerl, der dreißig Beilhieben standhält, ehe er mit einem ächzenden gellenden Schrei umstürzt. Ihn hinter uns herschleifend wie eine Jagdtrophäe, treten wir den langen Heimweg an. Alle paar Meter geben wir den Kampf auf, setzen uns hin und schnappen nach Luft. Aber wir besitzen die Kraft erfolgreicher Jäger; diese und das männliche, eisige Parfüm des Baumes beleben uns, treiben uns weiter. Viele Komplimente begleiten unsere Rückkehr bei Sonnenuntergang auf der roten Lehmstraße ins Dorf; doch meine Freundin ist schlau und unverbindlich, wenn Vorbeigehende den Schatz bewundern, der auf unserem Wägelchen thront: so ein schöner Baum und woher der kommt? »Von da drüben«, murmelt sie vage. Einmal hält ein Auto, und die träge Frau des reichen Mühlenbesitzers beugt sich heraus und quäkt: »Ich geb euch fünfundzwanzig Cent für den Baum da.« Normalerweise scheut sich meine Freundin, nein zu sagen; doch diesmal schüttelt sie sofort den Kopf. »Den würden wir nicht für einen Dollar hergeben.« Die Frau des Mühlenbesitzers lässt nicht locker. »Ein Dollar? Dass ich nicht lache! Fünfzig Cent. Das ist mein letztes Angebot. Sie können sich ja einen neuen holen, gute Frau.« Als Antwort bemerkt meine Freundin sanft: »Das bezweifle ich. Es gibt alles nur ein Mal.«

Daheim: Queenie sackt vor dem Kamin zusammen und schläft bis zum nächsten Morgen, schnarcht dabei so laut wie ein Mensch.

In einer Truhe auf dem Dachboden befinden sich: eine Schuhschachtel mit Hermelinschwänzen (vom Operncape einer sonderbaren Frau, die einmal ein Zimmer im Haus gemietet hatte), einige Rollen aus-

gefranste Silbergirlanden, die mit den Jahren gold-
farben geworden sind, ein silberner Stern, eine kurze
Kette mit angeschlagenen, zweifellos gefährlichen
bonbonbunten Glühbirnen. Großartige Dekoratio-
nen so weit, aber sie reichen bei weitem nicht aus:
Meine Freundin möchte, dass unser Baum glänzt
»wie das Fenster in der Baptistenkirche«, sich biegt
unter der schieren Masse des Schmucks. Aber die
Made-in-Japan-Pracht aus dem Kaufhaus können
wir uns nicht leisten. Und so machen wir das, was
wir immer machen: sitzen tagelang am Küchentisch
und hantieren mit Schere und Farbstiften und Sta-
peln von Buntpapier. Ich mache die Zeichnungen,
und meine Freundin schneidet sie aus: jede Menge
Katzen, dazu Fische (weil die leicht zu malen sind),
einige Äpfel, einige Wassermelonen, ein paar geflü-
gelte Engel, gefertigt aus dem sorgsam aufbewahr-
ten Stanniolpapier von Hershey-Schokoriegeln. Wir
benutzen Sicherheitsnadeln, um diese Kreationen
am Baum zu befestigen; als krönenden Abschluss
bestreuen wir die Zweige mit zerzupfter Baumwolle
(die wir im August eigens für diesen Zweck gepflückt
haben). Meine Freundin, die die Wirkung begut-
achtet, schlägt die Hände zusammen. »Ganz ehrlich,
Buddy. Findest du nicht, dass er zum Fressen ist?«
Queenie versucht prompt, einen Engel zu fressen.

Nachdem wir für alle Fassadenfenster Stechpal-
mengirlanden geflochten und bebändert haben, sind
als Nächstes die Geschenke für die Familie an der
Reihe. Batikschals für die Frauen, für die Männer

einen selbstgebrauten Sirup aus Zitrone und Lakritz und Aspirin, einzunehmen »bei den ersten Anzeichen einer Erkältung und nach der Jagd«. Aber wenn es Zeit wird, unser Geschenk für den anderen zu machen, arbeiten meine Freundin und ich getrennt und heimlich. Ich würde ihr gerne ein Messer mit Perlmuttgriff kaufen, ein Radio, ein ganzes Pfund Kirschen mit Schokoladenüberzug (wir haben einmal welche gegessen, und sie sagt immer: »Davon könnte ich glatt leben, Buddy, bei Gott, das könnte ich – und ich führe den Namen des Herrn nicht vergeblich im Munde«). Stattdessen bastle ich ihr einen Drachen. Sie würde mir gerne ein Fahrrad schenken (das hat sie schon eine Million Mal gesagt: »Wenn ich es nur könnte, Buddy. Es ist schlimm genug, im Leben ohne etwas auskommen zu müssen, das man *selbst* haben möchte; aber was mich wirklich in Harnisch bringt, ist, einem anderen nicht das schenken zu können, was *er* haben sollte. Aber eines Tages schaffe ich es. Buddy. Ich besorge dir ein Fahrrad. Frag mich nicht, wie. Und wenn ich's stehlen muss«). Stattdessen bin ich ziemlich sicher, dass sie mir einen Drachen bastelt – genau wie im letzten Jahr und in dem davor: Im Jahr davor schenkten wir uns Schleudern. Wogegen ich nichts einzuwenden habe. Denn wir sind Meister im Drachen-steigen-Lassen und studieren die Windverhältnisse wie Seefahrer; meine Freundin, die erfahrener ist als ich, kann einen Drachen fliegen lassen, wenn nicht einmal genug Wind da ist, um Wolken zu tragen.

An Heiligabend kratzen wir nachmittags fünf Cent zusammen und gehen zum Fleischer, um Queenie ihr traditionelles Geschenk zu kaufen, einen guten Rinderknochen zum Nagen. Der Knochen, in eine Comic-Seite eingewickelt, wird oben in der Nähe des silbernen Sterns in den Baum gehängt. Queenie weiß, dass er da ist. Sie hockt sich vor den Baum und starrt wie gebannt gierig hinauf: Selbst wenn es Zeit zum Schlafengehen ist, rührt sie sich nicht von der Stelle. Sie ist genauso aufgeregt wie ich. Ich trete die Zudecke weg und drehe mein Kopfkissen um, als wäre es eine glühend heiße Sommernacht. Irgendwo kräht ein Hahn: fälschlicherweise, denn die Sonne ist noch auf der anderen Seite der Welt.

»Buddy, bist du wach?« Es ist meine Freundin, die aus ihrem Zimmer ruft, das neben meinem liegt; und schon im nächsten Moment sitzt sie mit einer Kerze in der Hand auf meinem Bett. »Ich kann einfach nicht schlafen«, verkündet sie. »In meinem Kopf geht alles drunter und drüber. Buddy, meinst du, dass Mrs. Roosevelt unseren Kuchen zum Abendessen serviert?« Wir kuscheln uns ins Bett, und sie drückt meine Hand, liebevoll. »Früher kam mir deine Hand immer viel kleiner vor. Es will mir gar nicht gefallen, dass du langsam groß wirst. Wenn du groß bist, sind wir dann immer noch Freunde?« Ich sage, immer und ewig. »Aber ich bin so traurig, Buddy. Ich wollte dir doch so gern ein Fahrrad schenken. Ich hab versucht, meine Kamee zu verkaufen, die Papa mir geschenkt hat. Buddy« – sie zögert, als wäre es ihr peinlich – »ich hab dir wieder einen Drachen gebastelt.« Dann gestehe ich, dass auch ich ihr einen gemacht habe; und wir lachen. Die Kerze brennt herunter, bis man sie nicht mehr halten kann. Sie geht aus, das Sternenlicht wird sichtbar, die Sterne, die sich am Fenster drehen wie Weihnachtssänger, die der Tagesanbruch allmählich, ganz allmählich verstummen lässt. Vielleicht nicken wir ein; aber die ersten Anzeichen der Morgendämmerung treffen uns wie ein Schwall kaltes Wasser: Wir sind auf, hellwach und wandern herum, während wir darauf warten, dass die anderen aufwachen. Mit voller Absicht lässt meine Freundin einen Kochtopf auf den Küchenboden fallen. Ich steppe vor geschlossenen Türen. Einer nach dem anderen tauchen die Hausbewohner auf, die aussehen, als würden sie uns beide am liebsten umbringen. Aber es ist Weihnachten, also können sie es nicht. Zuerst ein üppiges Frühstück: einfach alles, was man sich nur vorstellen kann – von Pfannkuchen und gebratenem Eichhörnchen bis hin zu Maisbrei und Honigwaben. Was alle in gute Stimmung versetzt, nur meine Freundin und mich nicht. Wir brennen nämlich so darauf, an die Geschenke zu kommen, dass wir keinen Bissen hinunterbringen.

Offen gesagt, ich bin enttäuscht. Wer wäre das nicht? Bei Socken, einem Sonntagshemd, Taschentüchern, einem abgelegten Pullover und einem Jahresabonnement für eine religiöse Kinderzeitschrift. *Der kleine Hirte.* Es macht mich fuchtig. Ganz ehrlich.

Meine Freundin hat mehr Glück. Ein Säckchen Satsumas ist ihr bester Fang. Am stolzesten ist sie jedoch auf einen weißen Wollschal, den ihre verheiratete Schwester gestrickt hat. Aber sie *sagt*, ihr liebstes Geschenk sei der Drachen, den ich ihr gebastelt habe. Und er ist *wirklich* wunderschön; wenn auch nicht so schön wie der, den sie für mich gebastelt hat, der blau ist und übersät mit goldenen und grünen Fleißsternchen; außerdem steht mein Name darauf, »Buddy«.

»Buddy, der Wind weht.«

Der Wind weht, und nichts kann uns davon abhalten, auf die Weide unterhalb des Hauses zu laufen, wo Queenie schon dabei ist, ihren Knochen zu vergraben (und wo, im Winter darauf, auch Queenie begraben werden wird). Dort stürmen wir durch das kräftige hüfthohe Gras, lassen unsere Drachen steigen, spüren, wie sie an der Schnur zerren wie Himmelsfische, als sie in den Wind eintauchen. Zufrieden, von der Sonne gewärmt, strecken wir uns im Gras aus und schälen Satsumas und sehen dem Treiben unserer Drachen zu. Schon bald vergesse ich die Socken und den abgelegten Pullover. Ich bin so glücklich, als hätten wir den 50 000-Dollar-Hauptpreis bei dem Kaffeenamen-Preisausschreiben bereits gewonnen.

»Ich bin ja so töricht!«, ruft meine Freundin aus, plötzlich munter geworden wie eine Frau, der zu spät einfällt, dass sie Plätzchen im Backofen hat. »Weißt du, was ich immer gedacht habe?«, fragt sie, als hätte sie eine Entdeckung gemacht, und lächelt nicht mich, sondern einen Punkt weiter weg an. »Ich dachte immer, ein Mensch müsse krank sein und im Sterben liegen, bevor er den Herrn sieht. Und ich habe mir immer vorgestellt, wenn Er kommt, dann ist das so ähnlich, wie wenn man das Fenster in der Baptistenkirche betrachtet: so hübsch wie Buntglas, durch das die Sonne einfällt, ein solcher Glanz, dass man nicht merkt, wie es dunkel wird. Und es war mir immer ein Trost: der Gedanke, dass dieser Glanz alle schaurigen Gefühle vertreibt. Aber ich möchte wetten, es ist nicht so. Ich möchte wetten, dass der Mensch am Ende erkennt, dass der Herr sich bereits gezeigt hat. Dass alles, was da ist« – sie macht eine ausladende Handbewegung, die Wolken und Drachen und Gras und die ihren Knochen verbuddelnde Queenie einschließt – »alles, was man immer sieht, dass das bedeutet, das Antlitz des Herrn zu sehen. Was mich angeht, ich könnte die Welt mit dem heutigen Tag vor Augen verlassen.«

Es ist unser letztes gemeinsames Weihnachtsfest.

Das Leben trennt uns. Die, die es am besten wissen, beschließen, dass ich auf eine Schule mit militärischer Ausbildung gehöre. Und so beginnt eine ununterbrochene Folge elender disziplinierender Gefängnisse und streng reglementierter Ferienlager. Ich habe auch ein neues Zuhause. Aber das zählt nicht. Zu Hause ist da, wo meine Freundin ist, und dort komme ich nie mehr hin.

Doch sie bleibt dort, werkelt weiter in der Küche herum. Allein mit Queenie. Dann ganz allein. (»Lieber Buddy«, schreibt sie in ihrer krakeligen, fast unleserlichen Handschrift, »gestern hat Jim Macys Pferd Queenie böse getreten. Sei dankbar, dass sie nicht sehr leiden musste. Ich habe sie in ein gutes Leintuch gewickelt und sie in unserem Wägelchen hinunter auf Simpsons Weide gefahren, wo sie bei all ihren Knochen ist ...«) Eine Zeitlang fährt sie fort, jeden November ganz allein ihre Früchtekuchen zu backen; nicht mehr so viele, aber doch einige, und natürlich schickt sie mir immer »den Besten vom ganzen Schub«. Und jedem Brief legt sie ein in Toilettenpapier eingewickeltes Zehncentstück bei: »Geh ins Kino, und schreibe mir den Inhalt des Films.« Doch allmählich beginnt sie mich in ihren Briefen mit ihrem anderen Freund zu verwechseln, dem Buddy, der in den 1880er Jahren starb; mehr und mehr ist der Dreizehnte nicht der einzige Tag, an dem sie im Bett bleibt: Dann kommt ein Morgen im November, ein blätterloser gesangloser Winteranfangsmorgen, an dem sie sich nicht dazu aufraffen kann auszurufen. »Du meine Güte, es ist Früchtekuchenwetter!«

Und als das passiert, weiß ich es. Eine Nachricht, die es mir mitteilt, bestätigt lediglich eine Information, die eine geheime Ader bereits erhalten hat, einen unersetzbaren Teil von mir abtrennt, ihn davonfliegen lässt wie einen Drachen, dessen Schnur gerissen ist. Darum suche ich, als ich an diesem

Dezembermorgen über einen Schulhof gehe, ständig den Himmel ab. Als erwartete ich, zwei verlorene Drachen zu sehen, die fast wie Herzen hinauf in den Himmel steigen.

Maxim Gorki
Die Nachtigall

Der Raddampfer fuhr von Kasan nach Koslowka.

Auf der Wolga war es still und frisch. Der Abend brach an. Das bergige Ufer war in lila Nebel gehüllt. Das überschwemmte Wiesenufer hatte sich weit zum Horizont geschoben, und aus dem Wasser ragten stellenweise grüne Inseln überfluteter Bäume. Der Lärm der Schaufelräder tönte dumpf durch die feuchte, vom Duft frischen Grüns gesättigte Luft. Hinter dem Dampfer zog sich das breite Band schäumenden Wassers, und auf beide Ufer zu eilten die Wellen. Dem Schiff voraus brannte die untergehende Sonne, während hinter ihm die Nacht herauskam und am dunkler werdenden Himmel hier und da einige Sterne schwach aufleuchteten.

Die kleine Gruppe von Passagieren auf dem Promenadendeck der ersten Klasse war gedrückter Stimmung; sie stand unter dem Einfluß des melancholischen Abends, der über dem Flusse lag. Es waren ihrer vier: ein großer und gebeugter alter Mann mit einem weichen, breiten Hut, dessen Krempe sein Gesicht bis an die grauen Brauen bedeckte; neben ihm eine junge Dame, die, fest in einen grauen Schal gehüllt, aus blauen Augen auf das bewaldete Steilufer blickte. Nicht weit von ihnen saß auf derselben Bank noch ein Paar: ein hagerer Herr in

grauem Mantel und eine etwas füllige, aber wohlge-
staltete Dame mit regelmäßigen Gesichtszügen und
großen dunklen Augen. Ihr Nachbar, der nervös an
seinem französischen Bärtchen drehte, neigte sich
ein wenig vor und schauderte zusammen; die Dame
hatte sich zurückgelehnt und saß unbeweglich wie
ein Standbild. Der Alte legte seine Hände, die das
Kinn stützten, auf seinen Stock, beugte sich nach
vorn und schaute unverwandt zu Boden.

Alle schwiegen.

Der Dampfer zitterte bei der schnellen Fahrt.
Aufdringlich klapperte irgendwo unten Geschirr,
Füße tappten, Lachen; vom Heck wurde ein leises, fast seufzendes Lied herangetragen, gedämpft
durch den Lärm, der sich in einer breiten, mono-
tonen Welle abgerissener und unvollendeter Laute
ergoß.

»Es wird frisch … Wollen wir nicht in die Kajüte
gehen?« schlug der Alte vor und hob den Kopf.

In diesem Augenblick schwebte von irgendwo aus
der Ferne ein sonderbarer, volltönender Laut heran.
Er glich einem in einer kleinen leidenschaftlichen
Brust lang unterdrückten Seufzer.

Die Passagiere hoben den Kopf.

»Eine Nachtigall!« sagte der Alte lächelnd.

»Tatsächlich … schon so früh!«

»Laß uns bleiben und zuhören, Papa«, bat das
Mädchen.

»Nun, was soll's? Bleib du nur, die anderen sind
auch noch hier. Ich werde schon gehen. Mir sind

Nachtigallen …«, aber er sprach nicht zu Ende, sondern setzte sich wieder auf die Bank. Ein klingender, freudiger, die Nerven reizender Triller der Nachtigall ertönte und ergoß sich in die Luft. Die Noten eilten eine um die andere so hastig, so hitzig dahin, als fürchtete der Sänger, er würde es nicht schaffen, all das zu sagen, was zu sagen er vorhatte. Nervös zitternde Läufe wurden plötzlich von heftigen, seufzenden Lauten abgelöst, als seien sie durch Herzensqual und Leid gezeichnet. Von neuem breitete sich in der Luft ein geschäftiges Pizzikato aus, entschwand plötzlich und überließ seinen Platz einer traurigen Melodie, die irgendwelche Schlenker unterbrachen, grad so als ergötze sich der Sänger selbst an seinem Lied.

Auf dem Dampfer war es still geworden. Jeder Lärm, außer dem einförmigen Aufschlag der Schaufelräder im Wasser, war irgendwohin entschwunden. Das Lied breitete sich aus und beherrschte den Fluß und die Passagiere, die ihm schweigend lauschten. Das Mädchen lächelte wie im Traum, das Gesicht der Dame hatte etwas an Ernst und Strenge verloren.

Der Alte seufzte und begann: »Das ist sie, die spielerische, eigentümliche Weisheit der Natur! Ein kleines, nutzloses Vögelchen hat solchen Nuancenreichtum in seiner Stimme … aber eine Kuh – dem Menschen ein nützliches Haustier – ist nur in der Lage, ein eintöniges, unangenehmes Brüllen von sich zu geben. In der Natur und im Leben kann man sehen, daß das dem Menschen Nützliche grob und unansehnlich, das Unnütze aber schön und angenehm ist und die Seele bewegt ...«

»Hör doch auf, Papa, du störst!« sagte seine Tochter unzufrieden. Er lächelte nur skeptisch und fing erneut an:

»Aber du mußt doch zugeben, daß es gut wäre, wenn eine Kuh wie eine Nachtigall sänge, nicht wahr?«

»Ach hör doch auf, Papa!« flehte die Tochter.

»Nun, nun – ich schweige ja schon! Da hat er auch aufgehört – dieser Sänger der Liebe. Hast du es genossen?«

»Nun, was ist? Gehen wir in die Kajüte?«

»Wir bleiben noch«, sagte leise und langsam die andere Dame.

Die Nachtigall sang noch einmal. Aber jetzt klang ihr Lied schwach, ersterbend. Die Sonne war untergegangen. Das Wasser des Flusses wurde dunkel und undurchdringlich. Der Mond kam hervor, und vom Steilufer fielen lange schwarze Schatten auf die ruhige Fläche der Wolga. In der Falte eines Hügels brannte ein Lagerfeuer, und auf dem Fluß glänzte und zitterte das purpurne Band der reflektierten Flammen. Es war still und schön ...

Das Lied der Nachtigall brach ab.

Auf dem Promenadendeck zeigte sich ein Matrose.

Er verweilte ein wenig auf einer Stelle, nahm dann seine Fellmütze vom Kopf, schaute auf die Passagiere und ging endlich entschlossen auf sie zu.

»War es nicht schön, die Nachtigall zu hören?« sagte er und geriet aus irgendeinem Grund in Verwirrung.

»Ja – und?« Widerwillig verzog der Alte das Gesicht.

»Hat Ihnen denn die Nachtigall nicht gefallen … Wir haben da einen jungen, der pfeift wie eine richtige Nachtigall – bei Gott!« erklärte der Matrose und wich unter dem strengen Blick des Alten zurück.

»Bring ihn her«, sagte kurz die Dame.

Ihr Nachbar rutschte nervös auf der Bank hin und her.

»Warum das, Nina?« murmelte er säuerlich.

Das Mädchen hatte die Augen weit geöffnet und schaute auf den Matrosen.

»Wünschen Sie, daß er hergebracht wird?« wiederholte dieser.

»Ja, ja. Ich habe es doch schon gesagt«, warf die Dame böse ein.

»Er kommt selbst!« erklärte der Matrose froh und verschwand.

»Da kenn sich der Teufel aus!« Der Alte hob die Brauen und lachte scharf und verächtlich. »Irgend so ein Bursche flötet wie eine richtige Nachtigall … Wir hören ihm zu, in der Meinung, es sei eine wirkliche Nachtigall, und wie wir so hören, fängt da einer an zu philosophieren … Was für ein Unfug!« Vorwurfsvoll schüttelte er den Kopf, ein wenig konfus ob solchen Unsinns.

Auf dem Promenadendeck erschien ein vierzehn-jähriger Junge.

Er war mit einem Jäckchen und engen Hosen bekleidet; auf dem Kopf saß etwas schief eine neuere Schirmmütze. Sein sommersprossiges Gesicht, der breite Gang, die dicken kurzen Finger, das ausgebleichte blonde Haar – das alles ließ den Bauernjungen erkennen. Er ging zu der Gruppe, nahm die Mütze ab, verneigte sich, senkte den Kopf und begann schweigend mit dem Mützenschirm zu spielen, knetete ihn … Die Passagiere betrachteten ihn und schwiegen auch. In den Augen des Mädchens glänzte Zweifel. Er musterte mit seinen Augen rasch ihr Gesicht und fragte: »Wünschen Sie, daß ich pfeife?«

»Hast du wie eine Nachtigall geflötet?« fragte der Alte.

»Ja, das war ich! Der Büfettier hat's bestellt …«

»Was … kannst du nur pfeifen?«

»Jawohl … In Koslowka steige ich ein, und dann geht's bis Kasan … und dann von Kasan zurück.«

»Nun, dann pfeife – bitte!«

»Nicht nötig, Papa«, sagte leise das Mädchen.

Der Junge schaute sie fragend an.

Die andere Dame sprach mit ihrer vollen Altstimme: »Wer hat dir das beigebracht?«

»Ich selbst … Ich war Hirte … ich bin da« – er zeigte mit der Hand irgendwohin ans Ufer – »aus dem Dorf … da hütete ich und höre den ganzen Tag lang verschiedene Vögel … da macht man es nach …

nun, und allmählich habe ich es gelernt … ich kann auch einen Zeisig … eine Grasmücke … nur ist das alles nicht so kräftig wie eine Nachtigall. Als Nachtigall habe ich solche Übung, daß sogar die Jäger drauf reinfallen. Ich sitze im Busch und pfeife drauflos – wie eine richtige Nachtigall, wirklich!« Wie er so sprach, belebte sich sein sommersprossiges Gesicht im stolzen Bewußtsein seiner Meisterschaft und mit der Selbstzufriedenheit eines Künstlers.

»Ach, wie habe ich die Ohren gespitzt – und die Leute im Dorf, die haben gesagt: Komm, Mikischka, komm her und flöte … Den Herren, die da auf dem Dampfer fahren, gefällt vielleicht dein Flöten. Vielleicht bringst du's zu was! Und da ging ich los … Dann fing ich an auf dem Dampfer zu fahren … Mir geht's gut. Manchmal gibt man mir so viel, daß ich die Augen aufreiße. Bei den Herren ist Geld billig …«

Nachdem er zu Ende geredet hatte, begann er auch schon schüchtern zu bitten: »Soll ich nun pfeifen?«

Es verstrichen einige Sekunden, bis die Dame kurz sagte: »Pfeife!«

Der Junge warf die Mütze vor seine Füße, legte die Finger an den Mund, bog den Hals – aus irgendeinem Grund lächelte sein Gesicht –, aber er fing noch nicht an. Dann nahm er die Finger vom Mund, feuchtete die Lippen an, rümpfte die Nase und schnitt irgendwelche Grimassen.

Schließlich ertönte erneut der matte seufzende

Ton … schwoll an, erstarb, und plötzlich erklangen in der Luft die schillernden Triller und Läufe der Nachtigall. Das Mädchen schauderte zusammen und seufzte traurig. Die Dame lachte unzufrieden und verächtlich; ihr Nachbar fröstelte und verzog nervös das Gesicht, der Alte war ernst und schaute unverwandt auf das Gesicht des Jungen. Das war rot vor Anstrengung, aufgeblasen, die Augen waren geweitet, aber stumpf und ohne Ausdruck – sie erhellten ihn nicht. Die *Nachtigall* schlug, floß über, verharrte – außer Atem gekommen – einen Augenblick, sang erneut, rief … seufzte matt … Die Täuschung war erstaunlich.

»Papa, sag ihm – er soll aufhören …«, bat leise das Mädchen. Plötzlich stand es auf und ging mit bleichem Gesicht und Tränen in den Augen fort.

»Es reicht!« Der Alte winkte ab. Die *Nachtigall* brach das Lied ab, nahm die Hand von den Lippen, hob die Mütze auf und streckte sie dem Alten entgegen. Ein Geldschein knisterte …

»Gehorsamsten Dank!« sagte der Junge, wandte sich schnell ab und eilte irgendwohin nach unten. Die Dame verfolgte ihn mit ihren Augen und lachte auf. Ihr Nachbar murmelte irgend etwas und stellte den Mantelkragen auf. Die Nacht war tiefer geworden, dichter und dunkler. Das Wasser wurde schwarz, die Ufer versteckten sich im Dunkel, am Himmel leuchteten Sterne, und nach wie vor tönte dumpf und monoton das Wasser unter den Rädern des Dampfers.

»Ein Künstler!« sagte der Alte, indem er seine Stellung wechselte. »Noch ein Opfer des Publikums – aber nein, das Publikum verschlingt ja alles … die Übung eines Kraftmenschen aus dem Zirkus wie das Spiel des Virtuosen auf der Geige. Es schmeichelt ihm, wenn es sieht, daß ein Mensch – um Aufmerksamkeit zu erregen – bereit ist, sich wegen eines Fünfkopekenstücks auf jede Art und Weise zu verzerren.« Man hatte ihm wohl nicht zugehört, denn niemand antwortete.

»Ha, wäre nicht dieser Matrose gekommen«, begann er nach einer Pause erneut, »wir wären überzeugt gewesen, daß wir den Lieblingsvogel der Dichter gehört haben und nicht so einen schmutzigen Dorfjungen, so einen Fälscher. Hm-ja! Die Wahrheit zu hören ist kein so großes Vergnügen, wenn die Täuschung schöner ist …«

»Wir wollen gehen«, sagte die Dame und stand auf. Alle erhoben sich und gingen zur Kajüte.

»Nun, Lena weint sicherlich … Sie ist ja so empfindsam. Aber macht nichts … man soll sich ein wenig an die kleinen spaßigen Plattheiten des Lebens gewöhnen … um so leichter wird man mit den ernsten und großen fertig …«

»Du zitterst ja, Sonja? Ist dir kühl?«

»Nein, es ist nichts! Kein Grund zur Unruhe«, sagte leise die Dame.

Ihr nervöser Begleiter bedachte sie mit einem gleichgültigen Blick aus farblosen, ironisch halb geschlossenen Augen. Sie verschwanden in der Kajüte.

Der Mond kam hervor, und sein Schein fiel auf das dunkle Wasser, wo er schwach glänzend auf der bebenden Oberfläche zitterte. In der Ferne zeigten sich schwankende Punkte irgendeines Feuers. Schwermut lag auf dem träumenden Fluß.

Marie Luise Kaschnitz
Lupinen

Wir wagen es, hatten sie gesagt, und hatten alles
genau besprochen, sogar den Weg aufgezeichnet, an
den langen Abenden, in den Nächten, als sie auf das
Klingelzeichen warteten, manchmal wurde auch gar
nicht geklingelt, sondern mit dem Gewehrkolben
gegen die Türe geschlagen: Aufmachen, Judenpack,
fort mit euch in den Zug. Die Züge gingen von einem
bestimmten Bahnhof ab und fuhren eine bestimmte
Strecke, wer in der Stadt und ihrer Umgebung Be-
scheid wußte, kannte die Kurven, die Unterführun-
gen, die freistehenden Häuser, auf deren Brandmau-
ern riesige Flaschen gemalt waren, die Wäldchen
aus struppigem Gebüsch. An einer gewissen Stelle
fuhren alle Züge langsam, waren da schon langsam
gefahren, als die Schwestern noch Kinder gewesen
waren, damals ging es am Wochenende aufs Land zu
Verwandten, Johannisbeeren pflücken, Stachelbee-
ren pflücken, und längs des Bahndamms hatten Lupinen geblüht. Abspringen hätte man können und
neben dem Zug herlaufen, und die um sechs Jahre
ältere Fanny hatte es sogar einmal gewagt und war
mit einem Arm voll ausgeraufter Lupinen wieder
auf die Plattform gesprungen, natürlich die Eltern
waren damals nicht dabei. Der ängstlichen Barbara
hatte das Herz im Hals geschlagen, übrigens auch

jedes spätere Mal noch, wenn sie im großen Bogen auf dem Lupinendamm fuhren. Aber dann im Jahre 1943, als die Schwestern Nacht für Nacht auf den Abtransport warteten, war doch sie es gewesen, die den Vorschlag gemacht hatte: Abspringen, fünfzig Meter hinter dem kleinen Tunnel, da sind Schrebergärten und Bretterhütten, da ist das Erlengehölz, da ist ein Hohlweg zurück in die Stadt. Und dann war auch sie es gewesen, die wirklich die Tür aufgerissen hatte und herausgesprungen war, während Fanny einfach sitzen blieb, stumpfsinnig und gleichgültig, so als gäbe es kein Entrinnen, als sei ihr das bestimmt, das Lager in Polen, die Gaskammer, der namenlose Tod.

Wir erzählen von Barbara, die davongekommen war, die sich den Abhang hatte hinunterrollen lassen, ein Geschrei gab es da oben, auch ein paar Schüsse, aber danach nichts weiter, sie würde schon aufgegriffen und dem nächsten Transport zugeteilt werden, ihretwegen hielt man den Zug nicht an. Barbara hatte sich in den Schrebergärten versteckt gehalten, bis es dunkel war und war dann ruhig nach Hause gegangen. So hatten sie es ausgemacht, kein Klingeln an der Haustür, sondern Steinchen ans Fenster geworfen, und erst eine ganze Weile später sollte der Schwager herunterkommen und sie einlassen, Barbara, seine Schwägerin, und Fanny, seine Frau. Nur daß es nun eben nur eine war und die falsche, wie Barbara sich sagte, als sie die Steine ans Fenster geworfen hatte, und ein Schatten bewegte sich hinter den Scheiben und später kam jemand auf Strümpfen die Treppe herab. Das war jetzt schon über ein Jahr her, das Warten im feuchten Westwind, das Gesicht im Geißblatt, und die Schwester indessen fahrend, fahrend, und der Garten der Kindheit mit den Johannisbeer- und Stachelbeersträuchern schon längst versunken und dahin. Der Schwager hatte die Türe vorsichtig aufgemacht, und das Mädchen war an ihm vorbei ins Haus geschlüpft. Nur du, hatte der Mann gesagt, und Barbara hatte geantwortet: Nur ich. Der Schwager hatte den ganzen Abend kein Wort mehr gesprochen, war am Tisch gesessen, den Kopf in den Händen, und erst am nächsten Morgen hatte er seine Anweisungen gegeben: all das schon hundertmal Besprochene, sich nicht am Fenster zeigen, nur in Strümpfen in der Wohnung umhergehen, leise sprechen oder am besten gar nicht sprechen, im Notfall den längst hergerichteten Verschlag auf dem Speicher aufsuchen, ein Schatten sein, ein Nichts. Was für zwei hatte gelten sollen, galt nun für eine, mit nur einer ist eigentlich alles einfacher, zu zweit schwatzt man doch einmal und lacht auch einmal, und wahrscheinlich hätte der Schwager nichts dagegen gehabt, wenn Fanny allein zurückgekommen wäre, vielleicht hat er sich das überhaupt so gedacht. Fanny allein, die zu ihm ins Bett schlüpft, vielleicht hätten sie dann über die Schwester und Schwägerin ein paar Tränen vergossen, aber es wäre doch alles in Ordnung gewesen, in der furchtbaren Ordnung der Ehe, die ein Bollwerk ist gegen Täuschung und Tod.

Nur daß es jetzt nicht so war, kein Geflüster im Ehebett, sondern Barbara in ihrer Kammer und drüben der steinerne Mann, der gewiß gar nicht begreifen konnte, warum Barbara die Schwester nicht herausgezerrt hatte aus dem fahrenden Zug. Aber das kann sich niemand vorstellen, wie schnell so etwas geschehen muß, und den Hasenfuß überkommt in solchen Fällen eine wilde Entschlossenheit, und der Tapfere bleibt einfach sitzen, starr und steif.

Ich muß es ihm begreiflich machen, dachte Barbara oft in den folgenden Monaten, wenn sie dem Schwager beim Abendessen gegenübersaß, aber sie wußte schon, er konnte es nicht begreifen, dies nicht und auch vieles andere nicht. Er war kein Betroffener, war arisch und blond mit grauer Haut, städtischer Angestellter und nur wegen einer häufig ausgekugelten Schulter nicht im Krieg. Ein Mann, der zwanzig Mal am Tag den Arm in vorgeschriebenem Winkel zum Gruß ausstreckte und der am Abend den englischen Sender hörte, tief über den murmelnden Kasten gebückt. Fanny und er, er und Fanny, eine Trennung von seiner Frau war für ihn nicht in Frage gekommen. Er hatte gemeint, sie schützen zu können, er hatte auch Barbara schützen wollen, aber dann, als sie die Schwägerin zu sich genommen hatten, war es ihm vielleicht schon zuviel geworden, zwei Frauen in der Wohnung, zwei gelbe Sterne, die ausgehen und wiederkommen und die am Abend miteinander flüstern, was er nicht hören soll und auch nicht hören will. Jetzt sind die gelben Sterne untergegangen, Fanny ist wer weiß wo, und Barbara ist auch wer weiß wo, es gibt sie nicht. Sie kann dem Schwager wenig helfen, nicht einmal sein Essen vorbereiten, ehe er zu Hause ist, darf kein Suppengeruch ins Stiegenhaus dringen, wenn er fortgegangen ist, kein Tellerspülen zu hören sein. Er geht jetzt oft am Abend aus, ins Wirtshaus, in die Versammlung, ja, er ist kürzlich in die Partei eingetreten und auch in die SA, er trägt gelegentlich eine braune Uniform. Alles, um nicht aufzufallen, um Barbara nicht in Gefahr zu bringen, das weiß sie genau. Sie möchte freundlich zu ihm sein, dankbar, nichts anderes, obwohl auch das andere naheläge, zwei Menschen in solcher Einsamkeit, ein Mann und eine Frau, die einen bestimmten Tag herbeisehnen, und es wird Herbst und wird Winter und wird Frühling, und der Tag kommt immer noch nicht. Aber der Schwager weist auch Barbaras Dankbarkeit zurück. Er tut seine Pflicht, und Barbara hat das Gefühl, daß er sie nicht leiden kann, daß er sich nur korrekt benimmt, ein korrekter Widersacher des Regimes, ein korrekter Philosemit. Barbara sieht schlecht aus, weil sie nie an die Luft kommt, auch der Schwager sieht schlecht aus, weil sie zu zweit auf seine Karte leben, er kann nicht hamstern, weil auch das aufgefallen wäre, was will der Witwer mit einem Kaninchenbraten, mit einem Säckchen Mehl, mit einer Kiste Wein. Ein Witwer ist der Schwager seit dem letzten Weihnachtsabend, als ihm die vorgedruckte Mitteilung gebracht wurde, aber da hatte sich erwiesen, daß er seine Frau längst verloren gegeben hatte, schon in der Nacht, in der Barbara zurückgekommen war, aber Fanny nicht. Er hatte sogar an dem Tag wieder angefangen, mit Barbara zu sprechen und in seiner trockenen Weise dieses und jenes zu erzählen, aber nur das Unerfreulichste, heute sind die Alliierten da und da zurückgedrängt worden, heute hat sich die jüdische Frau des Gemischtwarenhändlers das Leben genommen. Wenn er von den Zellenabenden kam, wo er hatte singen und bei festlichen Gelegenheiten auch schunkeln müssen, war seine Stimmung besonders finster. Einmal sagte er: Warum tue ich das alles, ich bin SA-Mann, ich habe einen Revolver, ich kann zuerst dir und dann mir eine Kugel in den Kopf schießen. Wenn meine Mutter in Hamburg nicht wäre, hätte ich es längst getan. Barbara sagte nichts, aber sie zitterte am ganzen Körper, sie war zwanzig Jahre alt und hatte gehofft, daß alles vorüberginge, hatte auch manchmal kichernd, ein bleicher Kobold, in der Bodenluke gesessen und eben das gesungen: Es geht alles vorüber, es geht alles vorbei, und den ziehenden Wolken nachgeschaut. Das tat sie jetzt nicht mehr, sondern hockte im Zimmer und zeichnete auf die leeren Seiten ihrer alten Schulhefte große Sonnen und Monde und Männchen, die Hand in Hand gingen, in einer Art von zoologischem Garten oder einem Paradies. Doch ließ sie endlich auch von dieser Beschäftigung, und zwar noch ehe die ersten Bomben fielen.

Das Städtchen, abgelegen und unwichtig, war

von Fliegerangriffen lange verschont geblieben. Die zahlreichen Alarme hatten nichts zu bedeuten gehabt, der Schwager, der das Planquadrat mit seinen Märchennamen kannte, hatte, gewisse militärische Nachrichten abhörend, immer schon gewußt, daß die Geschwader rechts oder links vorbeiflogen, er hatte vom Rundfunkgerät her beruhigende Zeichen gemacht. In den Keller ging damals noch kaum jemand, obwohl dieser mit allerlei ausgedienten Stühlen, Löschsand und Erste-Hilfe-Schränken vorschriftsmäßig ausgerüstet war. An dem Abend, an dem die Flieger ihre Bomben auf die Stadt warfen, saß der Schwager ebenfalls am Rundfunk, er machte aber keine Zeichen, drehte nur das Licht aus, zog die schwarzen Papierrollos hoch und blieb am Fenster, während draußen die ersten Christbäume herabsanken und das Abwehrfeuer begann. Im Haus wurde es jetzt lebendig, Kinder wurden die Treppe heruntergezerrt, an der Türe rief jemand Herr Kapfinger und klopfte, aber der Schwager rührte sich nicht. Barbara durfte nicht in den Keller, der Schwager ging nicht, was Barbara nicht verstand, weil er sie ja die ganze Zeit über allein gelassen hatte und auch jetzt allein ließ, da er nur im dunklen Zimmer von Fenster zu Fenster wanderte und mit Hiobsbotschaften aufwartete: Das war die Zementfabrik, jetzt brennt die Schule, jetzt kommen sie hierher. Bei den folgenden Angriffen verhielt sich der Schwager nicht anders, er wurde dem Mädchen immer rätselhafter, sie wußte nicht, haßte er sie, oder war er nur unglücklich, daß er alles noch schlimmer haben wollte. Als sie einmal, was ihr verboten war, vor seinem abendlichen Heimkommen den Rundfunk anstellte, hörte sie dann andere Nachrichten, als die ihr der Schwager erzählt hatte, die Amerikaner waren in der Normandie gelandet, was selbst der einheimische Sender nicht verschweigen konnte und was der ausländische in vielen Einzelheiten schilderte, eine gute Botschaft für alle, denen die Zwangsregierung verhaßt war, das rennende Kreuz und der doppelte Blitz.

Barbara sprang auf, zog ein helles Kleid an, holte auch, verstohlen durchs Fenster greifend, ein wenig Weinlaub, das sie in einem Krügchen auf den Eßtisch stellte, das Essen war vorgerichtet, eine Flasche jener Flüssigkeit, die als Heißgetränk bezeichnet wurde, bereitgestellt. Der Schwager kam nicht zur gewohnten Zeit, er polterte erst nach Mitternacht betrunken die Treppe herauf. Barbara, die ihn in solchem Zustand nie gesehen hatte, zog sich erschrocken in ihre Kammer zurück. Am nächsten Morgen wagte sie nichts zu erwähnen, weder die Landung noch den Rausch, und tat es auch nicht, als ihr der Schwager, auf eine geringfügige Verschiebung des Rundfunkzeigers aufmerksam geworden, die heftigsten Vorwürfe machte. Barbara dachte nur ratlos, aber jetzt wird doch alles gut, sie vertrieb sich am Nachmittag die Zeit mit Haareschneiden und Haarebürsten und sah am Abend aus wie Fanny, deren Frisur sie ganz unwillkürlich nachgeahmt hatte.

Der Schwager kam, starrte sie an und ging sofort zu Bett. Er bequemte sich, an einem der nächsten Tage, ihr einiges von den Kriegsereignissen zu erzählen, fügte aber gleich hinzu, so schnell geht das nicht. Wie jeder weiß, behielt er damit recht, es dauerte noch viele Monate, bis alles vorüber war. Den Sommer über hatte Barbara noch Geduld, sie bemühte sich, den Schwager bei Laune zu erhalten, der immer öfter betrunken nach Hause. kam und der auch einmal nachts in der Speisekammer den Wochenvorrat an Brot verzehrte, was ihn am nächsten Morgen bedrückte, so daß er noch finsterer dreinschaute als sonst. An einem andern Abend aber griff er nach dem Mädchen, brutal und hochmütig, so als wolle er sagen, du könntest doch zu etwas nützlich sein, und ließ die heftig Widerstrebende gleich wieder fahren, verächtlich, so viele Scherereien und noch nicht einmal das.

Das Leben ist voller Rätsel, es muß doppelt rätselhaft gewesen sein für die kleine Barbara, die den Schwager im geheimen liebte und gehofft hatte, einmal die Stelle ihrer Schwester einzunehmen, und die sich nun nicht erklären konnte, warum für sie alles anders sein sollte, keine Liebe, keine Hoffnung auf Glück. An einem Abend im Spätsommer war es gewesen, daß der Schwager ihr die Bluse aufgerissen hatte. Der nächste Tag wartete auf mit heißer Sonne und goldenen Gebüschen, und Barbara machte, kaum daß sie allein war, die Fenster weit auf und stand in der Sonne, so daß jeder sie hätte sehen können, und spürte die heiße Sonne auf ihrer Haut. Es war niemand auf der Treppe und niemand im Vorgarten, und auch als Barbara dann die ein wenig abschüssige Straße hinunterlief, hat sie niemand gesehen. Der Morgen war still, nur daß hier und dort schon die Kastanien aufplatzten und ihre rotbraunen Früchte dem Mädchen vor die Füße warfen. Eine dieser Früchte hob Barbara auf und rieb sich mit ihr die Wange und steckte sie dann in die Tasche und spielte mit ihr. Wohin, nirgendwohin, nur draußen sein, den Weg suchten die Füße, die, des Gehens ungewohnt, stolperten, dann wieder tanzten. Die Füße liefen aus der Stadt hinaus, war da nicht ein Hohlweg gewesen mit roten Berberitzen, und hatte man nicht beim Wiederauftauchen den Bahndamm gesehen. Barbara sah den Bahndamm, den großen Bogen um die Schrebergärten, die Lupinen blühten nicht mehr, nur ein Birnbäumchen stand rosarot und messinggelb im herbstlichen Laub. Der Weg lief auf den Bahndamm zu, es war die Stelle, an der alle Züge langsam fuhren, die Stelle, an der einmal vor zwölf Jahren, vor hundert Jahren, Fanny abgesprungen war, um Blumen zu pflücken. Barbara blieb stehen und sah sich um, der ungewohnte Himmel, die ungewohnte Helligkeit warfen ihr die Zeiten durcheinander. Den Zug, der von der Stadt herkam, sah sie schon von weitem. Lauter schäbige, klapprige Kriegswägelchen, kein Judenzug mit verrammelten Luken, aber auch ein Sonderzug, Kinderlandverschickung, und Hunderte von Kindern beugten sich aus den Fenstern hinaus. Barbara rannte so schnell sie konnte, sie war gleich außer Atem, griff, um sich den Bahndamm heraufzuziehen, in die verblühten Lupinen, und die Stauden, die trocken und geheimnisvoll raschelten, lösten sich aus der Erde und blieben ihr in der Hand. Einen Augenblick lang stand Barbara keuchend dort oben im warmen Oktoberwind, wußte nichts, wollte nichts, ließ sich nur fallen in das Stoßen, Stampfen und Klappern des Zuges hinein. Eine Selbstmörderin, hieß es später, als Barbaras unkenntlicher Körper in die Leichenkammer gebracht, von niemandem identifiziert und schließlich im Armensarg bestattet wurde. Die wenigen alten Leute aber, die, aus ihren Schrebergärten zwischen kleinblütigen Herbstastern und späten Rosen dem Zug nachblickend, den Vorfall beobachtet hatten, sagten einmütig, die Tote sei ein Kind gewesen, das auf den Kinderzug habe aufspringen wollen, einen Büschel verblühter Lupinenstauden im Arm.

(Oktober 1966)

Vladimir Nabokov
Wolke, Burg, See

Einer meiner Vertreter – ein bescheidener, freundlicher Junggeselle, sehr tüchtig – gewann auf einem von russischen Flüchtlingen veranstalteten Wohltätigkeitsball eine Vergnügungsreise. Es war 1936 oder 1937. Der Berliner Sommer stand in vollen Fluten (es war die zweite Woche kalten und feuchten Wetters und ein Jammer zu sehen, was alles umsonst grün geworden war, und nur die Spatzen blieben guter Dinge); er hatte keine Lust, irgendwohin zu fahren, aber als er versuchte, im Büro für Vergnügungsreisen seine Fahrkarte zu verkaufen, erfuhr er, daß es dazu einer besonderen Genehmigung des Verkehrsministeriums bedürfe; als er es dort versuchte, stellte sich heraus, daß er zuvor bei einem Notariat einen komplizierten vorgedruckten Antrag einreichen müsse; und außerdem mußte man sich bei der Polizei eine sogenannte »Nichtabwesenheitsbescheinigung für die Sommermonate« beschaffen.

Also seufzte er ein wenig und beschloß, zu reisen. Er lieh sich von Freunden eine Aluminiumflasche, ließ seine Schuhe besohlen, kaufte einen Gürtel und ein modisches Flanellhemd – eines jener feigen Biester, die sich schon in der ersten Wäsche ganz klein machen. Übrigens war es zu weit für diesen

liebenswerten kleinen Mann mit dem immer sorg-
fältig geschnittenen Haar und den klugen und gü-
tigen Augen. Ich kann mich im Augenblick nicht an
seinen Namen erinnern. Ich glaube, er hieß Wassilij
Iwanowitsch.

Er schlief schlecht in der Nacht vor der Abreise.
Und warum? Weil er ungewöhnlich früh aufstehen
mußte und daher das feine, zerbrechliche Gesicht
der Uhr, die auf dem Nachttisch tickte, mit in seine Träume nahm; hauptsächlich aber, weil er aus-
gerechnet in dieser Nacht und ohne jeden Grund
anfing, sich einzubilden, daß diese Reise, die ihm
von einem weiblichen Fatum in tief ausgeschnitte-
nem Ballkleid aufgedrängt worden war, diese Reise,
die er so widerstrebend angenommen hatte, ihm
ein wunderbares bebendes Glück bescheren würde. Dieses Glück hätte etwas mit seiner Kindheit
gemein und mit der Erregung, in die ihn russische
Lyrik versetzte, und mit einem Abendhorizont, wie
er ihn einmal im Traum gesehen hatte, und mit jener Dame, der Frau eines anderen Mannes, die er
sieben Jahre hindurch hoffnungslos geliebt hatte –
aber es würde erfüllter und bedeutungsvoller sein
als alles andere. Und außerdem hatte er das Gefühl,
daß das wirklich lebenswerte Leben auf etwas oder
jemanden gerichtet sein müsse.

Der Morgen war trübe, aber dampfend warm und
schwül, mit einem inneren Licht, und es war nicht
unangenehm, in einer Straßenbahn zum entfernten
Bahnhof zu rattern, der zum Treffpunkt bestimmt

war: Es sollten – leider – mehrere Personen an dieser Reise teilnehmen. Wer würden sie sein, diese schläfrigen Geschöpfe, so schläfrig, wie uns alle noch unbekannten Wesen erscheinen? Am Schalter 6, um 7 Uhr früh, wie in der Anweisung angegeben, die an die Fahrkarte geheftet war, sah er sie (sie warteten schon; es war ihm gelungen, ungefähr drei Minuten zu spät zu kommen).

Ein hochaufgeschossener, blonder junger Mann in Tirolertracht fiel sogleich auf. Er war rotgebrannt wie ein Hahnenkamm, hatte ziegelrote Knie mit goldenen Härchen darauf, und seine Nase sah aus wie lackiert. Er war der Führer, den das Reisebüro stellte, und sobald der Neuankömmling die Gruppe erreicht hatte (die aus vier Frauen und ebenso vielen Männern bestand), führte er alle an einen Zug, der hinter anderen Zügen verborgen stand, trug dabei seinen monströsen Rucksack mit schreckenerregender Leichtigkeit und stampfte mit seinen Nagelschuhen fest auf.

In einem leeren Wagen, eindeutig dritter Klasse, fand jeder Platz, und Wassilij Iwanowitsch, der sich abseits gesetzt und einen Pfefferminzbonbon in den Mund gesteckt hatte, öffnete einen kleinen Band Tjuttschew, den er schon lange wieder einmal lesen wollte; aber er wurde ersucht, das Buch zur Seite zu legen und sich der Gruppe anzuschließen. Ein älterer, bebrillter Postbeamter, dessen Schädel, Kinn und Oberlippe stachelig blau waren, als hätte er speziell für diese Reise einen außerordentlich üppigen und harten Bartwuchs abrasiert, verkündete sofort, daß er in Rußland gewesen sei und etwas Russisch könne – zum Beispiel ›*pazlui*‹ –, und begann in Erinnerung an irgendwelche Techtelmechtel in Zarizyn so mit den Augen zu zwinkern, daß seine beleibte Frau in der Luft mit dem Handrücken eine Ohrfeige beschrieb. Die Gesellschaft begann laut zu werden. Vier Angestellte der gleichen Baufirma warfen einander schwere Scherze zu: ein Mann mittleren Alters, Schultz; ein jüngerer Mann, auch Schultz, und zwei zappelige Frauen mit großem Mund und großem Hinterteil. Die rothaarige, ziemlich burleske Witwe im Sportrock kannte Rußland auch ein wenig (den Strand von Riga). Außerdem gab es noch einen dunkelhaarigen jungen Mann namens Schramm mit glanzlosen Augen und einer vagen, samtweichen Niedertracht in Wesen und Manieren, der ständig die Unterhaltung auf diesen oder jenen Vorzug der Reise lenkte und das erste Signal zu entzücktem Lob gab; er war, wie sich später herausstellte, ein vom Büro für Vergnügungsreisen mitgeschickter Stimmungsmacher.

Die Lokomotive eilte mit fuchtelnden Ellbogen durch einen Kiefernwald, dann – gelassener – zwischen Feldern hindurch. Da er vorläufig die ganze Absurdität und Schrecklichkeit der Situation nur dunkel ahnte und sich vielleicht einzureden versuchte, daß dies alles doch sehr nett sei, brachte Wassilij Iwanowitsch es fertig, die schnell dahinfliegenden Gaben der Straße zu genießen. Und wahrhaftig, wie verlockend doch alles ist, welchen Charme die Welt gewinnt, wenn sie aufgezogen wird und sich dann wie ein Karussell bewegt! Die Sonne kroch auf eine Ecke des Fensters zu und ergoß sich plötzlich über die gelbe Bank. Der schlecht gebügelte Schatten des Wagens raste wie verrückt an der grasbewachsenen Böschung entlang, wo Blumen zu Farbstreifen verschmolzen. Ein Bahnübergang: ein Radfahrer wartete, einen Fuß auf dem Boden. Bäume tauchten auf, einzeln und in Gruppen, drehten sich kühl und gefällig und führten die neuesten Moden vor. Die blaue Feuchte eines Hohlwegs. Eine Liebeserinnerung, als Wiese verkleidet. Wuschelige Wolken – Windspiele des Himmels.

Uns beide, Wassilij Iwanowitsch und mich, hat die Anonymität aller Teile einer Landschaft, die der Seele so gefährlich ist, immer beeindruckt, die Unmöglichkeit, jemals herauszufinden, wohin der Pfad, den man gerade sieht, führt – und schau, was für ein verlockendes Dickicht! Es kam vor, daß an einem entfernten Hang oder in einer Lücke zwischen den Bäumen für einen Augenblick ein bezaubernder Fleck auftauchte, einen Augenblick verhielt, wie in den Lungen angehaltene Luft, ein Rasen, eine Terrasse – ein so vollkommener Ausdruck zarter, wohlmeinender Schönheit –, daß es schien, wenn es gelänge, den Zug anzuhalten und dorthin zu wandeln, auf immer zu dir, Geliebte …

Aber schon jagten tausend Buchenstämme wild vorüber, wirbelten in einem siedenden Sonnentümpel, und schon war die Gelegenheit zum Glücklichsein vorüber.

An den Stationen betrachtete Wassilij Iwanowitsch die Formen irgendwelcher völlig bedeutungsloser Gegenstände – eines Schmutzflecks auf dem Bahnsteig, eines Kirschkerns, eines Zigarettenstummels – und sagte sich, daß er sich nie, nie wieder an diese drei kleinen Dinge hier in dieser besonderen Beziehung zueinander erinnern würde, an dieses Muster, das er jetzt in so unsterblicher Genauigkeit sehen konnte; oder wenn er eine Gruppe Kinder sah, die auf einen Zug warteten, versuchte er mit aller Macht, wenigstens einen bemerkenswerten Lebenslauf herauszufinden – in Form einer Violine oder einer Krone, eines Propellers oder einer Leier –, und schaute so lange, bis die Gruppe Dorfschuljungen aussah wie auf einer alten, nunmehr abgebildeten Photographie mit einem kleinen weißen Kreuz über dem Gesicht des letzten Jungen ganz rechts: des Helden Kindheit.

Aber man konnte immer nur kurze Zeit aus dem Fenster sehen. Es waren an alle vom Reisebüro Noten mit Versen verteilt worden:

Spinne nicht, sei unverdrossen,
Nimm den Knotenstock zur Hand,
Such dir muntre Weggenossen
Und durchstreife Feld und Land.

Gras und Stoppeln untern Sohlen,
Muntre Burschen um dich her:
Sorgen soll der Teufel holen.
Sei kein Eigenbrötler mehr!

Es marschiert und schwitzt ein jeder,
Und die Feldmaus stirbt und schreit.
Kerle ganz aus Stahl und Leder
In der Heideeinsamkeit.

Das sollte gemeinsam gesungen werden: Wassilij
Iwanowitsch, der nicht nur nicht singen, sondern
nicht einmal die deutschen Worte klar aussprechen
konnte, nutzte den ohrenbetäubenden Lärm dazu,
einfach nur den Mund weit aufzureißen und sich
leise hin und her zu wiegen, als ob er wirklich sänge
– aber auf ein Zeichen des heimtückischen Schramm
stoppte der Führer plötzlich den allgemeinen Ge-
sang und forderte Wassilij Iwanowitsch mit einem
seitlichen Blick auf, allein zu singen. Wassilij Iwanowitsch räusperte sich, begann zaghaft, und nach
einer Minute einsamer Qual stimmten alle ein; aber
danach wagte er es nicht mehr, auszusetzen.

Er hatte sich seine Lieblingsgurke aus dem russischen Laden mitgenommen, einen Laib Brot und
drei Eier. Als es Abend wurde und die niedere rote
Sonne voll in den verschmutzten, seekranken, vom
eigenen Lärm betäubten Wagen schien, wurden alle
aufgefordert, ihren Reiseproviant abzugeben, damit
er redlich geteilt werde – das war besonders ein-

fach, weil alle außer Wassilij Iwanowitsch das Gleiche mithatten. Die Gurke belustigte alle, wurde für ungenießbar erklärt und aus dem Fenster geworfen. In Anbetracht seines unzureichenden Beitrags zur Mahlzeit bekam Wassilij Iwanowitsch eine kleinere Portion Wurst.

Er mußte Karten spielen. Sie zerrten ihn herum, fragten ihn aus, prüften, ob er die Reiseroute auf der Karte zeigen könne – mit einem Wort, alle befaßten sich mit ihm, zuerst gutmütig, dann voller Bosheit, die mit dem Herannahen der Nacht zunahm. Beide Mädchen hießen Greta; die rothaarige Witwe sah irgendwie dem hahnenhaften Führer ähnlich; Schramm, Schultz und der andere Schultz, der Postbeamte und seine Frau, alle wuchsen sie nach und nach zusammen, verschmolzen miteinander, bildeten ein kollektives, wabbelndes, vielhändiges Wesen, dem man nicht entfliehen konnte. Es drang von allen Seiten auf ihn ein. Aber plötzlich stiegen an irgendeiner Station alle aus, und es war schon dunkel, obwohl im Westen noch immer eine sehr lange, sehr rosarote Wolke hing, und ein Stück weiter das Gleis entlang zitterte der Stern einer Lampe mit herzzerreißendem Licht durch den schwerfälligen Rauch der Lokomotive, und Grillen zirpten im Dunkeln, und von irgendwoher kam der Duft von Jasmin und Heu, Geliebte.

Sie verbrachten die Nacht in einem baufälligen Gasthof. Eine ausgewachsene Wanze ist schauderhaft, aber es liegt eine gewisse Grazie in den Bewegungen eines seidigen Silberfischchens. Der Postbeamte wurde von seiner Frau getrennt, die mit der Witwe untergebracht wurde; er wurde für die Nacht Wassilij Iwanowitsch zugeteilt. Die beiden Betten nahmen den ganzen Raum ein. Steppdecke obendrauf, Nachttopf untendrunter. Der Postmensch sagte, daß er irgendwie gar nicht müde sei, und fing an, von seinen russischen Abenteuern zu erzählen, weit ausführlicher als im Zug. Er war ein tyrannischer Kerl, gründlich und hartnäckig, in langen, baumwollenen Unterhosen, mit perlmutternen Krallen an den schmutzigen Zehen und Bärenfell zwischen den festen Brüsten. Ein Nachtfalter stieß flatternd an die Decke und spielte mit seinem Schatten. »In Zarizyn«, sagte er, »gibt es jetzt drei Schulen, eine deutsche, eine tschechische und eine chinesische. Jedenfalls hat mir mein Schwager das erzählt; er war dort in einer Traktorenfabrik.«

Am nächsten Tag wirbelten sie vom frühen Morgen bis fünf Uhr nachmittags den Staub entlang einer Landstraße auf, die sich von Hügel zu Hügel wellte; dann schlugen sie einen grünen Weg durch dichten Tannenwald ein. Wassilij Iwanowitsch, der am wenigsten zu tragen hatte, mußte ein riesiges rundes Brot unter den Arm nehmen. Wie ich dich hasse, du unser tägliches! Aber noch immer bemerkten seine kostbaren, erfahrenen Augen alles Notwendige. Vor dem Hintergrund des Tannendunkels hing vertikal eine dürre Nadel an einem unsichtbaren Faden.

Wieder drängelten sie sich mit Sack und Pack in

einen Zug, und wieder war der kleine, abteillose Wagen leer. Der andere Schultz versuchte, Wassilij Iwanowitsch das Mandolinespielen beizubringen. Es wurde viel gelacht. Als sie dessen müde wurden, dachten sie sich ein großartiges Spiel aus, das von Schramm überwacht wurde. Es ging so: Die Frauen legten sich auf die Bänke, die sie sich auszusuchen hatten und unter denen schon die Männer versteckt waren, und wenn unter einer solchen Bank hervor dann ein rotes Gesicht mit Ohren oder eine große gespreizte Hand auftauchte, mit gekrümmten Fingern den Rock anhob (was viel Kreischen verursachte), dann kam heraus, welche Pärchen sich ergeben hatten. Dreimal legte sich Wassilij Iwanowitsch in die schmutzige Finsternis nieder, und dreimal stellte sich heraus, daß niemand auf der Bank lag, als er wieder hervorkroch. Er wurde zum Verlierer erklärt und gezwungen, einen Zigarettenstummel zu essen.

Sie verbrachten die Nacht auf Strohsäcken in einer Scheune und brachen am frühen Morgen wieder zu Fuß auf. Tannen, tiefe Schluchten, schäumende Flüsse. Von der Hitze, von den Liedern, die man ständig grölen mußte, war Wassilij Iwanowitsch dermaßen erschöpft, daß er bei der Mittagsrast sofort einschlief und erst wieder erwachte, als sie anfingen, nach Pferdebremsen zu schlagen, die angeblich auf ihm saßen. Aber nach einer weiteren Stunde Marsches ward plötzlich jenes Glücksgefühl entdeckt, von dem er einst halb geträumt hatte.

Es war ein klarer blauer See mit einem ungewöhnlichen Ausdruck des Wassers. In der Mitte spiegelte sich eine große Wolke in ihrer ganzen Größe. Auf der anderen Seite, auf einem dicht mit Grün bedeckten Hügel (und je dunkler das Grün, desto poetischer ist es), ragte eine alte schwarze Burg, die von Daktylus anstieg zu Daktylus. Gewiß, es gab viele solcher Ansichten in Mitteleuropa, aber gerade diese – in der unbeschreiblichen und einzigartigen Harmonie ihrer drei wesentlichen Teile, in ihrem Lächeln, in einer ihr eigenen geheimnisvollen Unschuld, Geliebte! Gehorsame! – war etwas so Einzigartiges und so Vertrautes und so lang Verheißenes, und sie *verstand* ihren Betrachter so gut, daß Wassilij Iwanowitsch gar die Hand aufs Herz preßte, als wolle er sehen, ob sein Herz noch da sei, damit er es hergeben könne.

In einiger Entfernung machte Schramm, indem er mit dem Alpenstock des Führers in die Luft stach, die Ausflügler auf dieses oder jenes aufmerksam; sie hatten sich im Gras niedergelassen, in Posen, wie man sie auf Amateurschnappschüssen sieht, während der Führer auf einem Baumstumpf saß, das Hinterteil dem See zugekehrt, und ein Vesper einnahm. Ganz still, sich im eigenen Schatten verbergend, folgte Wassilij Iwanowitsch dem Ufer und kam an eine Art Gasthaus. Ein noch recht junger Hund begrüßte ihn; er kroch auf dem Bauch, mit lachenden Lefzen, während der Schwanz heftig den Boden schlug. Wassilij Iwanowitsch begleitete den Hund ins Haus, ein buntscheckiges, zweistöckiges Gebäude mit einem blinkenden Fenster unter einem konvexen Ziegellid; und er fand den Eigentümer, einen großen alten Mann, der fast wie ein russischer Kriegsveteran aussah und so schlecht mit einem so weichen schleppenden Akzent Deutsch sprach, daß Wassilij Iwanowitsch zu seiner Muttersprache überwechselte, aber wie in einem Traum verstand ihn der Mann und sprach selber in der Sprache seiner Umgebung, seiner Familie weiter.

Oben war ein Zimmer für Feriengäste. »Wissen Sie, ich werde es für den Rest meines Lebens mieten«, soll Wassilij Iwanowitsch gesagt haben, sobald er es betreten hatte. Das Zimmer selbst hatte nichts Bemerkenswertes. Im Gegenteil, es war ein ganz gewöhnliches Zimmer mit rotem Fußboden, Gänseblümchen waren an die weißen Wände gekleckst, und ein kleiner Spiegel war halb voll mit der gelben Infusion der reflektierten Blumen – aber vom Fenster aus konnte man deutlich den See mit seiner Wolke und seiner Burg sehen, in einer reglosen und vollkommenen Wechselbeziehung des Glücks. Ohne zu überlegen, ohne nachzudenken ergab er sich völlig einer Neigung, deren Wahrheit in ihrer Kraft lag, einer Kraft, die er nie zuvor erfahren hatte, und in einer strahlenden Sekunde erkannte Wassilij Iwanowitsch, daß hier, in diesem kleinen Zimmer mit diesem Ausblick, der bis an den Rand der Tränen schön war, das Leben endlich sein würde, wie er es sich immer gewünscht hatte. Wie es genau sein würde, was hier geschehen würde, das natürlich wußte er nicht, aber alles um ihn her war Hilfe, Verheißung und Trost – so daß es keinen Zweifel darüber geben konnte, daß er hier leben müßte. In einem Augenblick hatte er sich überlegt, wie es anzufangen sei, daß er nicht wieder nach Berlin zurückzukehren hätte, wie er sein weniges Hab und Gut hierher bekommen konnte – Bücher, den blauen Anzug, ihre Photographie. Wie einfach sich alles ergab! Als mein Vertreter verdiente er genug für das bescheidene Leben eines russischen Flüchtlings.

»Freunde!«, rief er, als er wieder zur Wiese am Seeufer hinabgerannt war. »Freunde, auf Wiedersehen! Ich bleibe für immer in dem Haus da drüben. Wir können nicht zusammen weiterreisen. Ich gehe nicht weiter. Ich gehe nirgends mehr hin. Auf Wiedersehen.«

»Was soll das heißen?«, sagte der Führer mit sonderbarer Stimme nach einer kurzen Pause, während deren das Lächeln auf den Lippen Wassilij Iwanowitschs langsam verlosch und die Leute, die im Gras gesessen hatten, sich halb aufrichteten und ihn mit versteinertem Blick anstarrten.

»Aber was denn?«, stammelte er. »Hier habe ich …«

»Ruhe!«, brüllte plötzlich der Postbeamte mit außerordentlicher Kraft. »Komm zur Besinnung, du besoffenes Schwein!«

»Moment mal, meine Herren«, sagte der Führer, und nachdem er sich mit der Zunge über die Lippen gefahren war, wandte er sich Wassilij Iwanowitsch zu.

»Sie haben wahrscheinlich getrunken«, sagte er ruhig. »Oder Sie haben den Verstand verloren. Sie machen mit uns eine Vergnügungsreise. Morgen – sehen Sie auf Ihre Fahrkarte – fahren wir laut festgelegter Reiseroute nach Berlin zurück. Es kommt gar nicht in Frage, daß jemand – in diesem Falle Sie – sich weigert, an dieser gemeinsamen Reise weiter teilzunehmen. Wir haben heute ein gewisses Lied gesungen – versuchen Sie sich an seinen Text zu erinnern. So, das wäre alles. Kommt, Kinder, es geht weiter.«

»In Ewald gibt es Bier«, sagte Schramm mit schmeichelnder Stimme. »Fünf Stunden mit der Bahn. Wanderungen. Eine Jagdhütte. Kohlenbergwerke. Viele interessante Dinge.«

»Ich werde mich beschweren«, jammerte Wassilij Iwanowitsch. »Geben Sie mir meine Tasche wieder. Ich habe das Recht, zu bleiben, wo ich will. Was, dies ist ja geradezu eine Einladung zur Enthauptung« – so schrie er, wie er mir erzählte, als sie ihn an den Armen packten.

»Wenn nötig, tragen wir Sie«, sagte der Führer grimmig, »aber das wird dann für Sie kein Spaß. Ich bin für jeden von euch verantwortlich und werde jeden einzelnen von euch wieder zurückbringen, tot oder lebendig.«

Wassilij Iwanowitsch, wie in einem gräßlichen Märchen über einen Waldweg geschleift, gequetscht und gezerrt, konnte sich nicht einmal mehr umsehen und spürte nur, wie das Strahlen in seinem

Rücken langsam zurückwich, von Bäumen gebrochen wurde – und dann war es entschwunden, und die dunklen Tannen ringsum erbosten sich, aber sie konnten nicht eingreifen. Sobald alle in den Wagen gestiegen waren und der Zug sich in Bewegung gesetzt hatte, fingen sie an, ihn zu schlagen – sie schlugen ihn lange und mit großer Erfindungsgabe. Es fiel ihnen unter anderem ein, einen Korkenzieher an seinen Handflächen zu probieren; dann an seinen Füßen. Der Postbeamte, der in Rußland gewesen war, machte aus einem Stock und einem Gürtel eine russische Knute und gebrauchte sie mit teuflischer Geschicklichkeit. Gut so, gib's ihm! Die anderen Männer verließen sich mehr auf ihre eisenbeschlagenen Absätze, während die Frauen sich damit begnügten, zu kneifen und zu schlagen. Alle hatten einen Heidenspaß.

Als er nach Berlin zurückgekehrt war, suchte er mich auf, war sehr verändert, setzte sich still nieder, legte die Hände auf die Knie, erzählte seine Geschichte; wiederholte ständig, daß er seinen Posten aufgeben müsse, bat mich, ihn gehen zu lassen, bestand darauf, daß er nicht weitermachen könne, daß er nicht die Kraft habe, länger der Menschheit anzugehören. Natürlich ließ ich ihn gehen.

V. S. Naipaul
Des Nachtwächters Stundenbuch

21. *November*, 22:30 Uhr. C. A. Cavander übernimmt Dienst im C...-Hotel. Alles korrekt. *Cesar
Alwyn Cavander*

7 Uhr. C. A. Cavander übergibt Dienst an Mr. Vignales im C...-Hotel. Meldungen: keine. *Cesar Alwyn
Cavander*

22. *November*, 22.30. C. A. Cavander übernimmt
Dienst im C...-Hotel. Meldungen: keine. *Cesar
Alwyn Cavander*

7 Uhr. C. A. Cavander übergibt Dienst an Mr. Vignales im C...-Hotel. Alles korrekt. *Cesar Alwyn Cavander*

Das ist das dritte Mal, dass ich C. A. Cavander,
Nachtwächter, schlafend im Dienst angetroffen
habe. Letzte Nacht um 0.45 Uhr wurde er von
mir in tiefem Schlaf in einem Schaukelstuhl in
der Hotelhalle ertappt. Nachtwächter Cavander
wurde daraufhin fristlos entlassen.

Nachtwächter Hillyard: Dieses Buch ist ab
sofort als STUNDENBUCH des Nachtwächters
zu führen. Ich erwarte einen detaillierten Be-

richt über alles, was während der Nacht im Hotel vor sich geht. Lassen Sie sich das Beispiel des Exnachtwächters Cavander eine Warnung sein. *W. A. G. Inskip, Manager*

Mr. Manager, Mitteilung Kenntnis genommen. Haben Sie keine Sorge wegen mir, Sir, *Charles Ethelbert Hillyard, Nachtwächter*

23. November, 23 Uhr. Nachtwächter Hillyard übernimmt Dienst im C…-Hotel mit einer Taschenlampe 2 Kühlschrankschlüssel und Zimmerschlüssel 1, 3, 6, 10 und 13. Und noch 25 Kartongs Carib Bier, 7 Kartongs Heineken Bier, 2 Kartongs amerikanische Zigaretten. Bierkartongs intakt, Bar intakt, alles korrekt, Meldungen: keine. *Charles Ethelbert Hillyard*

7 Uhr. Nachtwächter Hillyard übergibt Dienst an Mr. Vignales im C… -Hotel mit einer Taschenlampe 2 Kühlschrankschlüssel und Zimmerschlüssel 1, 3, 6, 10 und 13. 32 Kartongs Bier. Bar intakt alles korrekt, Meldungen: keine. *Chas. Ethelbert Hillyard*

Nachtwächter Hillyard: Mr. Wills hat sich heute Morgen bitter darüber beklagt, dass Sie ihm gestern Nacht den Zutritt zur Bar verwehrt haben. Mir scheint, Ihnen ist nicht ganz klar, welchem Zweck dieses Hotel dient. In Zukunft ist allen Gästen zu jeder gewünschten Tageszeit der Zutritt zur Hotelbar zu gestatten. Sie haben lediglich aufzuschreiben, was jeder Gast zu sich nimmt. Das ist einer der Gründe, weshalb das Hotel eine gewisse Anzahl von Bierkartons (bitte Schreibweise beachten) bereitstellt. *W. A. G. Inskip*

Mr. Manager, Mitteilung Kenntnis genommen. Und ich bitte um Entschuldigung, wenn ich keine Schulbildung genossen hab, Sir. *Chas. Ethelbert Hillyard*

24. November, 23 Uhr. N. W. Hillyard übernimmt Dienst mit 1 Taschenlampe 1 Barschlüssel 2 Kühlschrankschlüssel 32 Kartons Bier, alle intakt. 12 Uhr Mitternacht Bar geschlossen, Barmann geht aber Mr. Wills und noch andre bleiben da und gehn um 1 Uhr aus der Bar. Mr. Wills trinkt 16 Carib Bier Mr. Wilson 8 Mr. Percy 8. Um 2 Uhr kommt Mr. Wills noch mal zurück und nimmt sich 4 Carib Bier und Brot und wie er sich Brot runterschneiden will schneidet er sich die Hand. Sie müssen also nichts denken wegen den Flecken im Teppich, Sir. Um 6 Uhr kommt Mr. Wills wieder und will Sodawasser, gab es aber keins also nimmt Mr. Wills Ingwerbier. Sir ich will meine Arbeit gut machen, ich versteh nicht, wie Nachtwächter Cavander bei so einer Arbeit einschlafen kann. *Chas. Ethelbert Hillyard*

Interessanterweise wissen Sie immer die genaue Uhrzeit, und die Gäste scheinen die Angewohnheit zu haben, die Bar nur zur vollen Stunde zu betreten. Wenn Sie in Zukunft bitte die exakte Uhrzeit notieren würden. Die Uhr aus der Küche steht auf der Fensterbank neben den Lichtschaltern. Sie dürfen sie benutzen, solange Sie sie ZUVERLÄSSIG jeden Morgen vor Schichtwechsel wieder an ihren Platz zurückstellen. *W. A. G. Inskip*

Kenntnis genommen. *Chas. Ethelbert Hillyard*

25. November: Um Mitternacht Bar geschlossen, Barmann geht 0:23 Uhr, Mr. Wills und noch andre bleiben da. Mr. Owen trinkt 5 Flaschen Carib Mr. Wilson 6 Flaschen Heineken. Mr. Wills 18 Carib. Sie gehen um 2:52. Nichts ungewöhnlich. Mr. Wills war hilflos. Wie kriegt ein Mensch so viel Bier in sich rein, achtzehn Flaschen in nur ein Mensch, da muss man ja Adventist von 7. Tag werden bei so einer Arbeit, und ein anderer Mann von dem ich den Namen nicht kenne kommt in die Bar, zu dem sagen sie Paul und er hilft mir weil die anderen nichts mehr machen konnten, wir haben Mr. Wills hoch in sein Zimmer gebracht und ihm die Stiefel ausgezogen und alle anderen Sachen so halb und sind dann wieder runter. Weiß nicht ob sie noch mehr genommen haben wo ich weg war, Sir, auf der Pepsi-Cola-Tafel stand nichts aber getrunken haben sie noch, sah aus, wie wenn sie wieder zurückgekommen wären und sich noch was genommen haben aber mit Mr. Wills brauche ich noch eine Extrahilfe, Sir.

Mr. Manager, die Uhr ist kapputt, ich bin von Mr. Wills zurückgekommen und da war sie kapputt, Sir. War 3:19 wo sie laufen aufgehört hat. *Chas. E. Hillyard*

Letzte Nacht sind über 2 Pfund Kalbfleisch aus dem Kühlschrank verschwunden, und von der Torte, die über Nacht in der Vitrine stand, fehlen mehrere Stücke. Es gehört zu Ihren Pflichten, Nachtwächter Hillyard, ein Auge auf diese Dinge zu haben. Ich sollte Sie auch darüber in Kenntnis setzen, dass ich die Polizei gebeten habe, alle Angestellten beim Verlassen des Hotels zu durchsuchen, damit solche Dinge in Zukunft unterbleiben. *W. A. G. Inskip*

Mr. Manager, ich weiß nicht, warum alle Leute immer gleich Personal in die Schuhe schieben, Sir. Wegen dem Kuchen, die Vitrihne ist in der Nacht zugesperrt, Sir, und Schlüssel hab ich keinen. Alles sicher von wegen mir, Sir. *Chas. Hillyard*

26. November. Mitternacht Bar geschlossen und Barmann geht. Mr. Wills war nicht da, jemand hat gesagt, der ist bei den Amerikanern heute, alles ruhig, nichts ungewöhnlich.

Mr. Manager, noch eine Bitte, wenn Sie bitte Barmann sagen er soll mir sagen wenn Damen im Hotel wohnen, Sir. *C. E. Hillyard*

Heute Morgen musste ich von einem Gast erfahren, dass letzte Nacht Schreie im Hotel zu hören waren. In Ihrem Bericht steht »alles ruhig, nichts ungewöhnlich«. Wenn ich um eine schriftliche Erklärung bitten dürfte. *W. A. G. Inskip*
Erklärung bitte hier eintragen:

ERKLÄRUNG. Telefon klingelt nach Mitternacht mit einer Dame dran für Mr. Jimminez. Ich wollte ihr sagen wo er ist aber die Dame sagt sie kann nicht richtig hören. Fünfzehn Minuten später kommt sie im Taxi und sieht wütend aus und ganz müde und ich gehe hoch Mr. Jimminez rufen. Tür war nicht zugesperrt also geh ich rein und wie ich seinen Fuß anstoss und ganz leise sein Namen ruf springt er aus dem Bett und schreit los. Als er wieder bei sich ist sagt er er hatte einen Albtraum, und dann kommt er runter und geht fort mit Frau war nicht der Rede wert.

Mr. Manager bitte noch mal meine Bitte dass Sie bitte Barmann sagen dass ich wissen muss wenn weibliche Gäste da sind. *C. Hillyard*

27. *November*, 1 Uhr Bar geschlossen, Mr. Wills und ein Amerikaner 19 Carib dann um 2.30 Uhr kommt die Polizei und fragt nach Mr. Wills, der Amerikaner hätte gesagt sie haben ihm $ 200,00 geklaut wo er vorher noch mit Mr. Wills und noch anderen in der Bar vom C…-Hotel gesessen war. Dann wollten Mr. Wills und die Polizei die Bar durchsuchen aber ich

sag ich kann die Bar nicht einfach so aufschliesen da muss die Polizei mit dem Manager kommen. Da sagt der Amerikaner das war nur ein Witz er hat einen Witz gemacht damit die Polizei was zum Lachen hat aber der Polizei macht ein Gesicht genau wie ich mich fühle. Aber Mr. Wills lacht und er fährt mit Mietauto weg, weil selber wegfahren kann er sich nicht mehr und draußen wartet der Amerikaner, sie fallen beide um beim Einsteigen und Mr. Wills sagt wenn du dein Konto mal überziehen willst mein Junge kommst du einfach in meine Bank. Und die Polizei geht für sich allein weg. *C. Hillyard*

Nachtwächter Hillyard: »War nicht der Rede wert«!! Es ist nicht an Ihnen zu entscheiden, was in diesem Stundenbuch festgehalten werden muss und was nicht. Seit wann sind Sie Eigentümer dieses Hotels und treffen die alleinige Entscheidung über die Bedeutung von Vorkommnissen? Wenn der Gast es nicht erwähnt hätte, wüsste ich jetzt noch nicht, dass es während der Nacht Schreie im Hotel gegeben hat. Und könnten Sie mir freundlicherweise mitteilen, wer dieser Mr. Jimminez ist? Und welches Zimmer er bewohnt oder bewohnt hat? Und mit welchem Recht? Ich habe Sie persönlich darüber informiert, dass die Namen aller Hotelgäste auf der Tafel neben den Lichtschaltern stehen. Wenn Sie den Namen dieses Mr. Jimminez auf der Tafel finden oder mir Informationen über diesen Mann geben könnten, wäre ich Ihnen sehr verbunden. Bei der Dame, nach der Sie ständig fragen, handelt es sich um Mrs. Roscoe, Zimmer 12, wie Sie sehr wohl wissen. Es gehört zu Ihren Pflichten, dafür zu sorgen, dass unsere Gäste nicht von ungebetenen Besuchern belästigt werden. Sie dürfen solchen Leuten keinerlei Informationen über Gäste geben, und ich möchte Sie bitten, solche Besucher in Zukunft direkt an mich zu verweisen. *W. A. G. Inskip*

Sir, ich hab das schon zwei Mal gefragt und möchte wissen, was für eine Arbeit mach ich hier eigentlich, ich dachte immer Nachtwächterarbeit ist ruhige Arbeit und ich misch mich nicht gern in Angelegenheiten von weißen Leuten aber der Gentleman hat auch in Zimmer 12 gewohnt, er war ja drin, als ich hoch bin, ihn holen und fand das braucht's nicht aufschreiben weil es mich nichts angeht, Sir. *C. E. H.*

28. *November*, Bar geschlossen 12 Uhr Mitternacht, Barmann geht um 0.20 Uhr, Mr. Wills und noch andre bleiben und sie gehen alle zusammen um 1.25 Uhr. Mr. Wills 8 Carib. Mr. Wilson 12. Mr. Percy 8 und der Mann der Paul heißt 12. Um 0.33 Uhr kommt Mrs. Roscoe und setzt sich zu den Herren, vier Gin, alle sagen Minnie aus Trinidad zu ihr und dann singen sie alle das Lied und noch andere Lieder. Nichts ungewöhnlich. Später noch leises Singen und Gitarren spielen von Zimmer 12. Um 2.17 Uhr kam ein Mann herein und wollte telefonieren und wie er

telefoniert kommen 7 Männer rein und wollen ihn verprügeln, da legt er schnell auf und sie laufen alle weg. Um 3 Uhr bemerke ich kein Vorhängeschloss vor der Vitrihne und wie ich reinkuck ist keine Torte drin aber das Schloss war auch vorher schon ab, Sir. Um 6 Uhr kommt Mr. Wills wieder runter und will noch was Süßes und kuckt in den Kühlschrank aber war nichts drin also nimmt er sich Ananas. Ein zugedeckter Teller war im Kühlschrank aber er war leer. Mr. Wills hat ihn rausgestellt und die Katze ist draufgesprungen und da ist er runtergefallen und war kapputt. Die Glühbirne in der Garage brennt nicht. *C. E. H.*

Wenn Sie den Bericht bitte mit vollem Namen unterzeichnen würden. Sie haben sich angewöhnt »nichts ungewöhnlich« zu schreiben. Vielleicht sollten Sie erst einmal gründlich nachdenken, bevor Sie eine solche Aussage treffen. Ich will wissen, was damit gemeint ist. Ich habe erfahren – natürlich nicht von Ihnen –, dass die Polizei mittlerweile jede Nacht im Hause ist … Ich wäre Ihnen sehr verbunden, wenn Sie die Zeit finden würden, die Zeitpunkte dieser Besuche zu notieren. *W. A. G. Inskip*

Sir, nichts ungewöhnlich bedeutet alles gewöhnlich. Ich weiß nicht ich kann schreiben was ich will und es gefällt Ihnen nicht. Was ist blos aus der Nachtwächterarbeit geworden dass Leute die Nacht-

wächter sein wollen erst ein Diplom von Cambridge brauchen, blos weil ich keine Schulbildung bekommen hab glauben alle sie können mich beleidigen.
Charles Ethelbert Hillyard

29. November. Mitternacht Bar geschlossen und Barmann geht um 0:15 Uhr und lässt Mr. Wills und Mrs. Roscoe und noch andere in der Bar. Mr. Wills und Mrs. Roscoe gehen um 0:30 Uhr. Mr. Wilson und der Mann der Paul heißt bleiben noch länger aber gehen um 1:00 Uhr. Zwanzig Minuten vor zwei Mr. Wills und Freunde wieder da, gehen um 5 vor 3. Um 3:45 kommt Mr. Wills zurück, er nimmt Brot und Milch und Oliven und Kirschen mit und fragt ob Muskatnüsse da sind aber ich sag haben wir nicht, da trinkt er zwei Carib und geht 10 Minuten später. Und die Tasche von Mrs. Roscoe nimmt er auch mit. Alles zu trinken außer die 2 Carib hat der Mann der Paul heißt genommen. Ich weiß nicht Sir, aber diese Art Arbeit gefällt mir nicht, vielleicht sollten Sie einen Nachtbarmann einstellen. Um 5.30 Uhr kommt Mrs. Roscoe mit Mr. Paul zurück und sie streiten zusammen, Mr. Paul sagt du kotzt mich an und Mrs. Roscoe sagt mir ist selber zum kotzen und kotzt den ganzen Fußboden voll und schreit sie wollte die Scheißmilch nicht trinken. Ich wische gerade auf da kommt Mr. Wills an und fragt nach Sodawasser, müssen wir mehr Sodawasser für Mr. Wills reinlegen aber ich brauche noch Extrahilfe für Mr. Wills und seine Freunde, Sir.

Polizei war da um 2 Uhr, 3.48 Uhr und 4.52. Ist lang in der Bar gesessen, in Hof hat es zweimal mit Schusswaffen geknallt. Ich weiß nicht, Sir, ich glaub eine andere Arbeit wär wohl besser für mich. Um drei ruft jemand »Dieb« und ich seh wen nach der Hintertür rauslaufen, und Mr. London von Zimmer 9 sagt dass ihm 80 Cent und ein Päckchen Zigaretten fehlen die auf der Kommode gelegen haben. Gerne möchte ich mal wissen wann die Leute in diesem Hotel eigentlich schlafen, Sir. *Chas. Ethelbert Hillyard*

Nachtwächter Hillyard: Es ist erheblich mehr Geld als 80 Cent gestohlen worden. Tatsächlich wurde während der Nacht in mehrere Zimmer eingebrochen, darunter in meins. Es ist Ihre Aufgabe, dafür zu sorgen, dass so etwas nicht vorkommt. Ihre Sorge um die Moral unserer Gäste scheint Sie von Ihren Pflichten abzulenken. Ihre Predigten sparen Sie sich bitte für Ihre Freiluftgebetsversammlungen auf. Mr. Pick, Zimmer 7, hat sich bitter darüber beklagt, dass Sie ihn trotz wiederholter, eindringlicher Aufforderung nicht um fünf Uhr geweckt haben. Er hat deshalb seine Maschine nach British Guinea verpasst.

Heute Morgen wurden keine Zeitungen auf die Zimmer geliefert. Ich weise Sie noch einmal darauf hin, dass Sie die Zeitungen persönlich an Portier Vignales übergeben müssen. Außerdem ist das Fahrrad des Botenjungen, bei dem es sich, wie Sie wissen sollten, um Eigentum des Hotels handelt, beschädigt worden. Was *tun* Sie eigentlich die ganze Nacht? *W. A. G. Inskip*

Besser fragen Sie mich nicht, Sir.

Wegen dem beschädigten Fahrrad, Sir, das Fahrrad hab ich da gelassen, wo ich's gesehen hab und ich habe nichts unternommen von dem es kaputtgehen kann. Ich gebe immer große Acht auf alles Eigentum, Sir. Ich verstehe nicht wie Sie drauf kommen ich hätte Zeit zum Fahrrad zu fahren. Und wegen die Zeitungen, Sir, die haben die Polizei und die anderen gelesen und waren danach nicht mehr schön genug für Gäste. Mr. Pick von Zimmer 7 habe ich geweckt um 4.50 Uhr 5 Uhr 5.15 Uhr und 5.30 Uhr. Er hat gesagt ich soll mich zum Teufel scheren weil er partu nicht aufstehen wollte und eine Streichholzschachtel hat er nach mir geworfen dass das ganze Zimmer voll Streichhölzer war. Ich mach immer alles so gut ich kann Sir, aber Gott ist mein Zeuge, habe mein Lebtag noch keine solche Nachtwächterarbeit gesehen wo ich so viel schreibe dass für nichts andres mehr Zeit bleibt weil ich keine vier Hände und sechs Augen habe und Extrahilfe für Mr. Wills und seine Freunde brauche, Sir. Ich bin ein armer Mann, mich dürfen Sie beschimpfen, Sir, aber nicht meine Religion, weil Gott der Herr alles sieht und wird Vergeltung üben Sir, und ich weiß nicht, bei was für eine Arbeit und was für einen Ärger ich hier gelandet bin, Sir, ich wollte doch nur ein bisschen ruhige Nachtarbeit und alles was ich kriege ist Beschimpfung. *Chas. E. Hillyard*

30. November. 0.25 Uhr Bar geschlossen, Barmann geht 1.00 Uhr. Mr. Wills und seine Freunde noch in der Bar. Mr. Wills 12 Carib, Mr. Wilson 6, Mr. Percy 14, Mrs. Roscoe fünf Gin. Um 1.30 Uhr geht Mrs. Roscoe hoch und dann wieder Singen und leise Gitarrenmusik in Zimmer 12. Nichts ungewöhnlich. Polizei kommt 1:35 und sitzt ein bisschen in der Bar und trinkt nichts und redet nichts und kuckt immer blos. Um 1.45 Uhr kommt dieser Mr. Paul rein mit Mr. McPherson von der SS Naparoni und beide fallen hin und jedes Mal wenn was entzweibricht lachen sie und Mr. Paul sagt gleich krachts hier und ich soll Minnie sagen Malcolm kommt, das Schiff legt grade an. Da rennen Mr. Wills und seine Freunde in alle Richtungen weg und trinken nicht mal ihre Flaschen aus und Mr. Paul sagt ich soll rauf zu Zimmer 12, Minnie Roscoe sagen Malcolm kommt. Weiß nicht, Sir, warum alle Leute sich immer so aufführen dass man lieber Priester werden will. Der Riegel an der Bartür war abgebrochen und hing nur noch an 1 kleinem Stück Holz. Und wie ich raufgehe auf Zimmer 12, Mrs. Roscoe sagen dass Malcolm kommt und Schiff gerade im Hafen festgemacht hat, ist sie sofort stocknüchtern und will keine Gitarrenmusik mehr hören und fragt mich wo kann sie hin und kann ich sie verstecken. Ich weiß nicht, ich hab das Gefühl der jüngste Tag ist nicht mehr fern aber sie hört gar nicht

zu und räumt ganz aufgeregt in Zimmer rum und
packt zwischendurch Sachen ein und dann plötzlich
läuft sie schnuhrstraks die Hintertreppe runter ins
Nebenhaus. Und dann, 5 nach 2, immer noch in Flur,
kommt mir ein bärenstarker Mann entgegengerannt
der ist nüchtern wie ein Richter und wild wie ein
Besoffener und er ruft wo ist sie. Wie ich ihn frag ob
er berechtigter Besucher ist sagt er, ich soll blos nicht
frech werden und schreit wo ist sie wo ist sie. Aber
ich hab die Geschichte mit Mr. Jimminez noch nicht
vergessen und bring ihn rüber ins Managerbüro. Da
hört er leises Rascheln im Zimmer von Mr. Inskip
und ich kann die müde Stimme von Mr. Inskip hören und die Stimme von Mrs. Roscoe. Er rein ins
Zimmer und dann fünf Minuten nichts als Bumm,
Bumm, Bamm, Bamm, Bamm und die Frau kreischt
dazu. Weiß nicht, was aus dieser Nachtwächterarbeit
geworden ist, Sir, ich hätt lieber gemütliche Arbeit
wie der Polizei. Nach einer Weile wird es still und der
rothaarige Mann schleppt Mrs. Roscoe raus aus dem
Nebenhaus und sie fahrn im Taxi weg und der Polizei
sitzt ruhig in der Bar. Dann kommt Mr. Percy und der
Rest einer nach dem anderen wieder zurück in die
Bar und reden leise und trinken nichts und gehn um
3:00 Uhr. Um 3:15 Uhr kommt Mr. Wills und trinkt
ein Whiskey und 2 Carib. Er fragt nach Ananas oder
andre süße Frucht aber gibt's keine mehr.

Um 6 Uhr kommt Mr. Wills in die Bar und sucht
nach Sodawasser aber gibt es keins. Wir müssen Sodawasser für Mr. Wills besorgen, Sir.

Zeitungen kommen um 6:30 Uhr und ich geb sie um 7:00 Uhr Portier Vignales. *Chas. Hillyard*

Mr. Hillyard: In Anbetracht der unglückseligen Erkrankung von Mr. Inskip habe ich vorübergehend die Leitung des Hotels übernommen. Ich erwarte, dass Sie weiterhin Ihre nächtlichen Berichte schreiben, aber ich wäre Ihnen dankbar, wenn Sie sich dabei möglichst kurz fassen könnten. *Robt. Magnos, geschäftsf. Manager*

1. Dezember, 22.30. C. E. Hillyard übernimmt Dienst in C…-Hotel, alles korrekt, 12 Uhr Mitternacht Bar geschlossen 2 Uhr Mr. Wills 2 Carib, 1 Brot. 6 Uhr Mr. Wills 1 Sodawasser, 7 Uhr Nachtwächter Hillyard übergibt Dienst an Mr. Vignales mit einer Taschenlampe 2 Kühlschrankschlüssel und Zimmerschlüssel 1, 3, 6 und 12. Bar intakt, alles korrekt, Unregelmäßigkeiten: keine. *C. E. H.*

Heinz Piontek
Erde unter dem Schnee

Wittek trat aus dem Haus. Es war Sonntag. Seine Sonntagshose beulte an den Knien, seine Schnür-schuhe waren militärisch mit Schuhcreme und Spucke gewichst. Den Rock, den er zum Kirchgang getragen, hatte er abgelegt und mit einer geflickten Joppe vertauscht. Barhäuptig ging er über den Hof. Ein frostiger, strahlender Tag, vor dem Mittagsläu-ten, der Schnee krachte unter den Sohlen. Wittek hatte Zeit, zu viel Zeit, schien ihm. Er ging den Stap-fen nach, die um den Maschinenschuppen bogen. An der hinteren Schuppenwand, im Windschatten, lehnte der Verschlag, in dem er seine Kaninchen untergebracht hatte. Die Tiere sahen ihn kommen, sie drängten sich an die Öffnungen, äugten und witterten durch den Maschendraht. Sie hatten graue und braune Winterpelze, ihre Barthaare zitterten. Er öffnete das Türchen, hinter dem sich ein Rudel Jungtiere balgte. Seine Hand fuhr zwischen sie und tätschelte ihre Felle. Sie schnupperten aufgeregt an der Hand, weiche zärtliche Schnauzen. Unbeholfen spielte er mit den Kaninchen. Dabei vergaß er nach-zuschauen, ob das Futter im Napf gefroren war. Er war nicht bei der Sache.

Jetzt hielt er am Gatter zwischen den Eichen. Sein Blick stieß ins Dorf hinunter und weiter zu den

Bergen, die schneeverkrustet in den Himmel ragten. Er beschattete die Augen. Schön ist es hier, sagen sie, nun, vielleicht ist es schön, dachte er. Aus den Kaminen der Gehöfte stieg der Rauch. Über ihm in den verholzten Zweigen raschelte es; vorjähriges Laub, staubtrocken, es blätterte nicht ab. Vielleicht ist es schön hier, aber wenn ich daran denke, war es schöner in Wischonitz. An einem solchen Tag fuhren wir einmal im Schlitten nach Proskau. Nach Proskau war es eine knappe Stunde. Ich mußte die Pferde bewegen, sie standen schon zu lange hinter der Krippe, und in Proskau gingen wir zu den Zollkowskis, und dann fuhren wir zurück.

Wittek war ein kleiner schmächtiger Mann, unter den Bäumen sah er noch kleiner aus. Die Kälte hatte seine Ohren gerötet. Ein fünfzigjähriger Bauer, der kein Bauer mehr war. In den Gruben seines Gesichts standen scharfe Schatten; die Lippen waren gesprungen. Hinter ihm klappten jetzt die Stalltüren, die Mägde schnatterten und schleppten rauchende Eimer zu den Trögen. Vorher war es still gewesen auf dem Hof. Wittek drehte sich langsam um. Er fror.

»Wann gehst du los?« fragte der Sohn. Er lümmelte breitbeinig auf dem Stuhl, kippte ihn zurück; vom Herd stieg der Dampf und beschlug die kleinen Scheiben der Kammer. Der Sohn war um einen Kopf größer als der Vater, ein stämmiger Bursche mit dünnen Haaren und starken Wülsten über den Augen.

»Nach dem Essen«, sagte Wittek. Er rührte sich nicht von der Tür weg.

Der Sohn spie das Zigarettenende geschickt aufs Blech vor dem Ofenloch. Dort zerquetschte er den Stummel mit der Schuhsohle. »Ich habe mit Windhuber gesprochen. Wenn ich ihm die Anzahlung morgen bringe, kann ich die Maschine gleich mitnehmen.«

»Sei nur vorsichtig«, mahnte die Mutter, die mit einem verrußten Haken in den Herdringen klirrte; Dampf wogte um ihre dürren Hüften.

»Dir ist nicht zu helfen, Mattka«, brummte der Sohn. Er wandte sich zu dem Mann an der Tür. »Wenn du es schon vor zwei Jahren getan hättest, wären wir bei der Sache besser weggekommen.«

»Laß ihn in Ruhe«, sagte die Mutter. »Du weißt, warum er es nicht getan hat. Auch du hast gehofft …«

»Nichts habe ich«, unterbrach sie der Junge. »Wischonitz! Fang bloß nicht davon an. Ist doch kalter Kaffee, euer Wischonitz!«

»Eine Schande, wie du über deine Heimat sprichst.«

»Alles kalter Kaffee.«

»Rede nicht wie ein Heide. Wir sollten dir kein Geld geben für das Motorrad.«

»Nur weiter, das hör ich gern.«

Wittek stand noch immer unter der Tür. Zerstreut hatte er das Gezänk verfolgt. Er atmete schwer. Die Enge der Kammer lastete auf ihm; er sehnte sich nach einem Ort, von dem er nur wußte, daß es ihn nicht gab.

»Geh aus dem Weg«, sagte die Frau. Sie verließ den Raum, eine leere Wasserkanne in der Hand.

Wittek schwitzte auf der Stirn. Er stieß das Fenster auf. Die Schwaden wehten hinaus in die klare Luft.

»Du hast eine große Schnauze«, sagte der Alte.

Der Sohn fuhr mit Daumen und Zeigefinger in das angerissene Zigarettenpäckchen und sah dabei in die Luft.

Nach einiger Zeit begann es zu läuten im Dorf. Die Glocke klang hart und hell, sie war deutlich zu hören. Der Mann verriegelte die klapprigen Flügel, ehe sie verstummte.

Zu Mittag aß er ohne Appetit, die süßen Birnen ließ er stehen. Er holte seinen Mantel aus der Stube, zog die mürbe Fellmütze über die Ohren. Dann stieg er die Treppe hinunter und klopfte bei dem Besitzer des Gehöftes an.

»Ich geh jetzt zum Wiedmayer und nehme das Pferd mit«, sagte Wittek.

Der Bauer strich sich die feisten Backen, auf denen ein Gerinnsel von Adern glühte. Schwer stemmte er sich aus der Sofaecke. Vor ihm die schmale Tonflasche und ein feuchtes Schnapsglas. Er war der Eigentümer eines reichen Hofes und mehrerer Waldstücke. Die Feldarbeit schmeckte ihm nicht, aber er jagte und trank mit Vergnügen. Seit der Flucht wohnten die Witteks in seinem Haus, in zwei

Kammern unterm Dach. Hin und wieder verrichtete Wittek Taglöhnerarbeit für den Hofbesitzer.

»Es ist *dein* Pferd, denke ich«, sagte der Bauer. Sein Baß rumpelte.

»Aber Sie müssen es wissen, daß ich es jetzt wegbringe.«

Die Stube war aus Plüsch, Spiegeln und Eichenholz. Sie war groß wie ein Saal. Nebenan in der Küche spülte die Bäuerin das Geschirr.

»Wenn du dir die Sache richtig überlegt hast, Wittek, wird es nicht schlecht sein für dich«, sagte der Bauer.

»Der Wiedmayer will es kaufen.«

»Nichts übers Knie brechen soll man.«

»Ich habe heute nacht nicht viel geschlafen.«

»Da hast du dir gedacht, es ist gut, wenn ich's verkaufe, denn die Politik stinkt zum Himmel, wie?«

»Wir kommen nicht mehr heim, glaub ich, wir nicht. Vielleicht die, die jünger sind«, sagte Wittek.

»Gut auf den Beinen bist du nicht, das sieht man. Aber Leute wie du können siebzig werden. Der Bachmayer zum Beispiel. War auch ein so magerer Hering. Zum Umpusten.«

»Ich weiß nicht.«

»Zwanzig Jahre sind eine lange Zeit«, sagte der Bauer. Er schenkte sich einen Schnaps ein.

»In zehn Jahren ist das Pferd hin.«

»Hab ich gesagt, daß es so lange dauern wird, bis ihr heimkommt? Eine ganz verfluchte Sünde wär's.«

»Ich komme nicht mehr nach Wischonitz mit dem Pferd.«

»Überleg dir's gut, Wittek. Steht es bei mir etwa schlecht im Futter? Hab ich knickrig gezahlt dafür, daß ich es eingespannt habe?«

»Es ist besser, ich verkauf's.«

»Dann nimm es nur mit. Mir liegt nichts dran. Ich kauf dir den Klepper nicht ab.«

Als Wittek die Stalltür aufstieß, schwappte ihm warme Finsternis entgegen. Bis er sie mit den Augen durchdringen konnte, tappte er blind zu dem hintersten Stand. Dort hob er von einem starken Haken Kumt und Riemen. Die Stute, die ihm gehörte, bog den Hals und beobachtete ihn ausdruckslos. Er schirrte sie und zog sie auf den Hof, wo sich unterdessen die Frau und der Sohn eingefunden hatten. Neben ihnen stand eine verwachsene Magd im Schnee. Sie hatte schön geschnittene Augen.

»So ein Jammer ist auf der Welt«, sagte sie; der Atemhauch flog über ihr Gesicht.

Witteks Frau wischte sich die Augen. Sie streichelte die Stirn des Tieres und fingerte zwei Würfel Zucker aus der Schürze. Es war das erste Mal in ihrem Leben, daß sie einem Pferd Zuckerstücke zwischen die flappenden Lippen schob. Auch der Magd hing eine Träne an der Wimper.

»Macht kein Theater um den lausigen Schinder«, sagte der Junge. Er griff in die Pferdemähne, dann klopfte er den Hals des Tieres mit der flachen Hand.

Wittek zog den Gaul hinter sich her; sie trotteten durchs Tor und schlugen den Weg zum Dorf ein. Die Stute hatte ein nußbraunes Fell, ihr Stirnhaar strähnte dünn über die Blesse. Sie war achtzehn Jahre alt, sie setzte die Hufe mit Vorsicht in die Schneegleise. Ein zarter Nebel trübte die Pferdeaugen.

Ja, du wirst jetzt an Wischonitz denken, sagte Wittek, aber er hörte seine Stimme nicht.

Ein Händler brachte dich auf unseren Hof, als du neun Jahre alt warst. Scholtissek hieß er, ein Bein hatten sie ihm abgenommen, weil er zuckerkrank war, und doch soff er weiter und war fidel, und vielleicht lebt er noch. Und als du elf warst, holte ich dich zusammen mit dem Wallach aus dem Stall, mitten in der Nacht, es war kälter als heute, hundskalt, die Frau heulte, und der Junge fragte hundertmal, wohin fahren wir? Nein, an Wischonitz wirst du nicht denken, du warst doch nur zwei Sommer dort, aber ich, ich denke dran, ich werde wohl immer dran denken.

Das Pferd schritt etwas steif in den Gelenken; sein Rücken hing durch. Die Sonne glänzte auf dem gewichsten Lederzeug und auf der Kruppe, die sich hob und senkte. Der Weg wand sich abschüssig, vorbei an entlaubten Birken, hinunter zwischen verschieden gewinkelten Flächen, die der Schnee mit verschiedenen eisigen Blaus überzog. Geschrei war im Dorf, doch hier oben wehte es unwirklich vorbei.

Wittek ließ den Zügel fahren. In seinem Gehör

vervielfachte sich das Stampfen der Hufe, vielleicht acht, vielleicht zehn Pferde folgten ihm, eine Kette, Pferde in braunen und schwarzen Fellen, alle Pferde, die er jemals vor seine Wagen gespannt, über die Äkker getrieben hatte; ihre Schweife faserten im Wind, ihre Köpfe nickten, sie waren frei von Geschirren, und es war etwas sehr Leichtes in ihrem Gang und etwas Unzerstörbares in den dunklen Augen ...

Wischonitz, das war die grüne Zeit unter einem weiten Himmel, das war mehr und weniger als die Zeit, aber einmal war *Wischonitz* das Jahr 1901, als Joseph Wittek geboren wurde, und das Jahr 1869, als Christian Wittek zur Welt kam, und das Jahr des Herrn 1820, das Jahr des Daniel Wittek, und auch die Zeit des Adam Wittek war *Wischonitz* und das Dunkel der Zeit, das unersättliche Dunkel, das nicht aufzuhalten war und in dem jedes Gedenken erlosch. Es stimmte, daß ein Treck am Anfang gewesen war, Planwagen durch die Luft im April, die Feuerstellen des Abends an den Waldrändern, Schlaf an den Feuern, aber der Treck, der ein Ende machte mit dem, das Zeit und Ort war in einem und für das es nur einen einzigen Namen gab, dieser Treck, den Joseph Wittek meinte, hatte Unheil geladen und räderte noch immer über vereiste Chausseen, im Januar, im Februar, der Wallach krepierte vor Erschöpfung, da warfen sie die Hälfte ihrer Habe vom Wagen, und daß die Stute durchhielt, war das einzige Glück, das sie hatten – als der Krieg lawinenschnell hinter ihnen her stürzte.

Vor sieben Jahren kamen sie in dieses Dorf und zu diesem Bauern, der jagte und trank, und sieben Jahre lang hatte Wittek auf die Heimkehr gehofft. Jetzt wollte der Junge Geld für ein Motorrad, er fuhr täglich dreißig Kilometer mit dem Bus zur Arbeit, denn hier im Dorf war nichts zu verdienen. Darum sollte Wiedmayer das Pferd haben, für das lumpige Geld, das er bot, und auch deshalb, weil es keine Hoffnung gab.

Sie kamen an einem verschneiten Weiher vorbei, ein Hohlweg nahm sie auf; sie stapften durch tiefe Wehen, Wurzelschnüre hingen herab, der Himmel verengte sich über ihnen zu einem blauen Kanal. Wittek blieb stehen, um zu Atem zu kommen. Die Stute hielt zwei Schritte hinter ihm. Er wandte sich zu ihr und streckte ihr seine Hand entgegen. Leicht strichen die Nüstern des Pferdes über seinen wollnen Handschuh. Dann hob das Pferd den Kopf und drehte ihn schräg und sah zu den Krähen, die der Wind schwarz über den Weg jagte. Der Mann ließ den Arm sinken.

Es ist ausgemacht, sagte er unhörbar zu der Stute, daß ich dem Jungen nur einen Teil des Geldes gebe. Für den Rest bekomme ich von der alten Fahlheimer einen Streifen Feld, einen halben Morgen, und dort werden wir im Frühjahr Gemüse anbauen. Wir müssen etwas tun. Wir werden Gemüse pflanzen, ich werde es zweimal wöchentlich in die Stadt bringen. Aber was hast du davon? sagte er.

Die Stute blickte hinter sich; ihre Ohren spielten.

Er griff nach ihrem Zügel, und bald öffnete sich der Hohlweg, und das Dorf war nun sehr nahe. Sie erreichten die Allee. Vor den ersten Gehöften sah Wittek lange zur Seite. Da, wo die Felder anstiegen, hinter der Baumschule, lag der Acker, der seiner werden sollte, eine Breite strahlenden Schnees schräg am Hang. Diesen Schnee würde er kaufen, weil es keine Hoffnung gab, wieder in einem Treck zu kutschieren, unter fröhlichen Fahrenden: wie vor Jahrhunderten, da man fortgezogen war, um Wischonitz zu gründen, und nichts davon gewußt hatte, daß einer von ihnen, Jahrhunderte später, ihr Verlangen spüren und es begraben würde in seiner Brust. Aber er stand vor einem Anfang, zu dem ihn eine neue Zuversicht trieb. Erde wollte er finden unter dem Schnee. Nein, daran war nicht zu rütteln, daß man immer wieder anfangen kann, solange man noch Kraft hat, mit einem Spaten zu arbeiten oder mit einer Hacke zuzuschlagen. Nicht Mut, Vernunft war nötig.

Warum hatten so viele seinesgleichen kein Vertrauen mehr in ihre Vernunft?

Die Straße war vom Schneepflug geräumt worden. Von den Häusern kam der Hufschlag der Stute zurück, jedesmal zu einem Doppelschlag gedehnt. Wittek war ein schmächtiger Mann und ging gebückt, doch sein Schritt griff aus. Hinter der Post knickte die Dorfstraße in einem Haken ab. Dort schwanden Mann und Pferd aus dem Blick.

(1955)

John Steinbeck
Der Anführer

Samstag nachmittag. Billy Buck war dabei, die
Überreste der vorjährigen Heuhaufen zusammen-
zurechen. Einige Heugabeln voll schleuderte er
über die Umfassung unter das Vieh, das darauf nicht
sonderlich erpicht zu sein schien. Hoch am Himmel
standen Wölkchen, dicht geballt wie von Schrap-
nells; der Märzwind trieb sie gen Osten. Man hörte
ihn hoch über die Bergkämme pfeifen. Bis hinab in
die Senke von Tiflins Farm drang kein Lüftchen.

Jody kam aus dem Farmhaus, in der Hand eine
Scheibe Brot. Sie war dick und gut mit Butter be-
strichen. Er sah Billy beim Heuhaufen und kam auf
eine Art und Weise herangeschlurft, von der man
ihm so oft schon gesagt hatte, daß er damit das beste
Sohlenleder in kürzester Zeit ruiniere. Als er an der
schwarzen Zypresse vorüberkam, stob eine Schar
weißer Tauben daraus hervor, zog Kreise rings um
den Baum und ließ sich wieder darin nieder. Aus
dem Schlafhaus sprang eine junge Falbkatze über
Jodys Weg, drehte sich ein paarmal um sich selbst;
er wollte ihr durch einen Steinwurf Beine machen,
aber bevor er den Stein geschleudert, war sie mit
einem Satz unter dem Vordach des Schlafhauses. Er
warf den Kiesel in die Zypresse. Abermals stoben die
Tauben aufwärts in kreischender Flucht.

Bei dem Überrest des Heuhaufens lehnte er sich gegen den Zaun. »Ist das alles, was noch da ist, Billy?« erkundigte er sich.

Der Pferdeknecht stach mit der Heugabel in den Grund, nahm seinen schwarzen Hut ab und fuhr sich durch das widerspenstige Haar. »Was noch da ist, taugt nichts mehr: alles von unten her durchgefault.« Er setzte den Hut wieder auf und rieb sich die schwieligen Hände.

»Ui!« freute sich Jody, »da muß es jetzt massenhaft Mäuse geben!«

»Das wimmelt nur so von dem Lausepack«, bekräftigte Billy.

»Wenn du fertig bist«, plante Jody sogleich, »könnte ich dann die Hunde holen und Mäuse jagen?«

»Warum nicht«, meinte Billy Buck, stach tief in die unterste Schicht und warf eine Gabel dampfenden Heues in die Luft. Drei Mäuse sprangen erschrocken hervor, um sich sofort wieder in das verrottete Heu zu vergraben.

»A-ah!« machte Jody befriedigt. Diese glatten, wohlgenährten, kecken Mäuse, dachte er, sollen sich nicht mehr lange ihres Daseins erfreuen. Acht Monate haben sie in dem Haufen gehaust und sich kräftig vermehrt, sicher vor Katzen, vor Fallen, vor Gift und vor Jody. Die Sicherheit hat sie fett und übermütig gemacht. Nun aber hat ihr letztes Stündlein geschlagen; den morgigen Tag sollen sie nicht überleben.

Billy blickte zu den Höhen empor. »Frag lieber

erst deinen Vater«, riet er dem Jungen, »ob es ihm recht ist!«

»Gut. Wo ist er? Ich frage ihn gleich.«

»Er ist nach dem Essen zur oberen Ranch geritten, muß aber bald wieder da sein.«

Jody, an den Gatterpfosten gelümmelt: »Er hat sicher nichts dagegen.«

»Ich würde ihn auf jeden Fall fragen«, warnte Billy und nahm die unterbrochene Arbeit wieder auf, »du weißt, wie er ist.«

Jody wußte es. Der Vater war peinlich darauf bedacht, daß nichts auf der Farm ohne seine Erlaubnis geschah.

Der Junge rutschte mit dem Rücken am glatten Gatterpfosten herunter, bis er fast auf den Boden zu sitzen kam, und sah zu den Wolkenballen. »Glaubst du, daß es Regen gibt, Billy?«

»Möglich! Der Wind ist richtig, bloß noch nicht stark genug.«

»Hoffentlich hält sich's, bis ich das Mäusepack erledigt habe!« Er guckte verstohlen nach Billy, ob der seine forsche Ausdrucksweise, die er für männlich hielt, auch genügend würdigte.

Billy äußerte sich nicht. Jody wandte den Kopf und blickte nach den Höhen, über die die Straße hinüberführte in die weite Welt. Die Hänge lagen in lauer Märzsonne. Zwischen Salbei blühten blaue Lupinen und Silberdisteln; da und dort leuchtete rot der Mohn. Auf halber Höhe grub Doubletreedumm, der schwarze Hofhund, nach Erdeichhörnchen mit einer Besessenheit, als wollte er die alte Erfahrung, daß noch nie ein Hund Eichhörnchen aus ihrem Bau ausgegraben hat, mit aller Gewalt Lügen strafen. Immer wieder setzte er von neuem an; zwischen seinen Hinterbeinen wirbelte der Dreck in die Höhe.

Plötzlich hielt er in seiner Erdarbeit inne, zog sich zurück, spitzte die Ohren; Jody folgte seinem Blick: Hinter der Höhe tauchte ein Reiter auf – es war der Vater. Die Konturen von Pferd und Mann hoben sich klar vom zartblauen Himmel ab; dann ging es im Trab hinab ins Tal. In der Hand hielt Carl Tiflin ein weißes Papier.

Der Junge sprang auf. »Er hat einen Brief«, rief er und sputete sich, rechtzeitig zu Hause zu sein, wenn der Vater der Mutter den Brief vorliest, war auch richtig schon vor ihm dort, hört eintretend, wie draußen der Vater aus dem krachenden Sattel steigt, dem Tier einen Klaps gibt, daß es allein zum Stall läuft, wo Billy es absatteln und in die Hürde hinauslassen kann. Jody stürzte in die Küche. »Er hat einen Brief!« rief er aufgeregt.

Die Mutter blickte von einem Topf Bohnen auf. »Wer hat?«

»Der Vater! Es ist ein Brief, ich hab's gesehen; er hat ihn in der Hand.«

Als Carl Tiflin die Küche betrat, forschte die Mutter: »Von wem ist der Brief?« – »Woher weißt du denn, daß ein Brief da ist?« fragte er stirnrunzelnd.

Sie wies mit dem Kopf zu Jody – und lächelte: »Da, unser Tekumseh hat mir etwas geflüstert.«

Jody genierte sich sehr.

Der Vater sah ihn verachtungsvoll an. »Der soll erst zeigen, daß er das Zeug zu einem Tekumseh hat«, schalt er; »um alles, was ihn nichts angeht, kümmert er sich, nur nicht um seine Aufgaben.«

»Er hat zuwenig Beschäftigung«, suchte Mrs. Tiflin ihrem Sohn beizustehen. »Von wem ist denn der Brief?« lenkte sie ab.

»Soll sich nur zusammennehmen«, grollte Tiflin weiter, »sonst gebe ich ihm Beschäftigung!« Er reichte der Frau einen versiegelten Brief: »Anscheinend von deinem Vater.«

Sie zog eine Haarnadel aus der Frisur und schlitzte den Umschlag auf. Jody sah ihre Augen die Zeilen entlangwandern. »Er will Samstag kommen und ein paar Tage bleiben«, übermittelte sie den Inhalt und fuhr auf: »Heut ist ja schon Samstag! Wie lange hat denn der Brief gebraucht …?« Sie sah nach dem Stempel: »Vorgestern aufgegeben – da hätte er gestern hier sein können!« Fragend blickte sie auf ihren Gatten und ärgerte sich. »Was machst du wieder für ein böses Gesicht! Er kommt weiß Gott selten genug.«

Tiflin wich ihren zornigen Augen aus. Er konnte sie manches Mal hart anfassen, aber wenn sie in Wut geriet, war er machtlos, und als sie nun kampflustig fragte: »Bitte! Was hast du dagegen?«, schwang in seiner Antwort ein demütiger Ton, der merkwürdig an gewisse Rechtfertigungsversuche Jodys erinnerte: »Ach … wie er immer redet!«

»Und? Und? Du redest ja auch!«

»Ja, aber du weißt doch, er erzählt immer nur ein und dieselbe Geschichte!«

»Von den Indianern«, fiel Jody aufgeregt ein, »und dem Zug durch die Steppe!« – »Mach, daß du rauskommst!« fuhr Carl Tiflin herum, »wir brauchen hier keinen Tekumseh – hinaus!«

Eingeschüchtert schlich Jody zur Hintertür und machte sie möglichst geräuschlos hinter sich zu. Er schämte sich der erlittenen Demütigung. Sein Blick fiel auf einen merkwürdig geformten Stein; er bückte sich danach, hob ihn auf, drehte ihn zwischen den Fingern. Durch das offene Küchenfenster drangen Worte der Eltern. »Ganz recht hat Jody«, hörte er den Vater, »Indianer und der Zug durch die Steppe! Tausendmal habe ich schon diese Pferdegeschichte mit anhören müssen, immer derselbe Mist, Wort für Wort!«

Nun antwortete die Mutter. Ihre Stimme klang so verändert, daß Jody erstaunt von seinem Steinwunder aufblickte. Wie mag ihr Gesicht wohl jetzt aussehen? Sie sagte: »Versetz dich einmal an seine Stelle, Carl! Es war das große Ereignis im Leben des Vaters. Er führte einen ganzen Zug von Wagen quer durch die Ebenen bis zum Meer. Als sie am Ziel waren, war seine Lebensaufgabe vollbracht. Es war etwas Großes, was er geleistet hatte – es dauerte nur zu kurz. Schau«, fuhr sie fort, »ihm war, als sei er zu dieser Tat von Geburt an bestimmt gewesen, und nachdem sie vollbracht war, blieb für ihn nichts mehr zu tun, als darüber nachzusinnen und davon zu reden. Wäre noch Land im Westen gewesen, wohin man hätte ziehen können, er hätte seinen Zug weitergeführt. Aber da war der Ozean. Dort, wo seine Fahrt ein Ende nahm, wohnt er jetzt, dicht am Wasser.«

Carl war durch ihre Worte und noch mehr durch den sanften Ton entwaffnet. »Ich habe ihn selber gesehen«, gab er zu, »wie den Strand hinabgeht und nach Westen über das Meer hin starrt. Aber dann«, setzte er etwas gereizt hinzu, »geht er nach Pacific Grove in den Reiterklub und erzählt seine Indianer- und Pferdegeschichte.«

Wieder suchte sie ihn mit Sanftmut zu fangen. »Es ist sein Alles! Hab Geduld mit ihm! Du brauchst ihm nicht zuzuhören, aber tu wenigstens so.«

»Wenn's mir zu arg wird«, sagte Carl ungeduldig, »geh ich ins Schlafhaus zu Billy«, stand auf und ging. Laut schlug die Tür hinter ihm zu.

Jody begab sich an seine Obliegenheiten, schüttete den Hühnern ihr Futter, sammelte aus den Nestern die Eier, trug Brennholz ins Haus und baute es so kunstvoll in der Holzkiste auf, daß sie mit zwei Armladungen bis zum Rande gefüllt schien.

Die Bohnen waren gar. Die Mutter schürte das Feuer und wischte die Herdplatte mit einem Truthahnflügel. Jody forschte verstohlen in ihrer Miene, ob da von vorhin noch eine Verstimmung geblieben war. »Kommt Großvater heut?« fragte er zaghaft.

»So steht's im Brief.«

»Ob ich ihm wohl ein Stückchen entgegengehe …?«

Ein Herdring klirrte in Mrs. Tiflins Hand. »Das wäre lieb von dir«, sagte sie erfreut. »Er wird sich freuen, wenn ihm jemand entgegenkommt.«

»Ich geh sofort.«

Im Hof pfiff Jody den Hunden. »Los! Hinauf!« kommandierte er. Sie wedelten und rannten die Straße entlang.

Der Salbei zu beiden Seiten des aufwärts strebenden Weges zeigte frische Spitzen. Jody riß einige ab, zerrieb sie zwischen den Händen – das gab einen kräftigen, würzigen Duft. Unvermutet sausten die Hunde in ein Gebüsch. Sie waren hinter einem Kaninchen her und blieben verschwunden. Nach erfolglosem Jagen kehrten sie schon von selbst nach Hause zurück.

Jody stapfte die Anhöhe empor. In der Senke packte ihn der Nachmittagswind bei den Haaren und blähte sein Hemd auf. Er blickte auf die niedrigen Hügel und Ketten hinab und hinüber ins weite, grünende Salinas-Tal. Fern in der Ebene lag weiß die Stadt; ihre Fenster blitzten im Schein der sinkenden Sonne. Fast senkrecht unter Jody in einer Eiche hielten die Krähen Versammlung; der ganze Baum war ein schwarzes Gewimmel, ein betäubendes Krächzen.

Die scharfen Augen des Knaben folgten dem Fahrweg bergab ins Tal, eine leichte Erhebung verdeckte ihn ein Stück weit – jenseits kam er wieder zum Vorschein, und dort, in weiter Entfernung, erschien, von einem Braunen gezogen, ein Wäglein. Jody setzte sich ins Gras. Der Wagen verschwand hinter der leichten Erhebung. Gleich mußte er wieder erscheinen. Jody faßte die Stelle genau ins Auge. Der Wind sang ein Gipfellied. Die Wolkenballen eilten gen Westen.

Der Wagen tauchte auf, fuhr die Erhebung hinab und hielt. Ein Mann stieg aus und trat zu dem Pferd. Trotz der weiten Entfernung merkte Jody, daß er die kurze Koppel ausgehakt hatte, denn das Pferd ließ den Kopf hängen. Der Mann führte es langsam bergan.

Jody stieß einen Freudenschrei aus und rannte dem Ankömmling entgegen den Berg hinab. Spatzen und Eichhörnchen stoben vor ihm davon. Er versuchte bei jedem Sprung, den er tat, mitten auf seinen Schatten zu hüpfen, Steine kollerten unter ihm weg – nun noch eine Wegkrümmung; hinter ihr erkannte er bereits die Gesichtszüge des Großvaters. Er mäßigte sein Ungestüm und ging dem alten Herrn mit würdevollen Schritten entgegen. Das Pferd zottelte schwerfällig bergan; sein Schatten und der seines Führers wankten im Licht der sich neigenden Sonne hinterdrein.

Großvater trug einen ehrwürdigen schwarzen Rock, Glacéledergamaschen, Lackschuhe, steifen Kragen und schwarze Binde; den schwarzen, weichen Hut hielt er in der Hand. Sein weißer Bart war kurz geschnitten. Weiße Brauen hingen ihm dick wie ein Schnurrbart über die Augen, treuherzigglücklich blickten die blauen Augen. Eine besondere Würde lag über der ganzen Gestalt und dem ruhigen Antlitz. Jeder Schritt, den dieser alte Mann tat, war ruhig und bestimmt; er würde keinen zurück tun, den er einmal gemacht, würde ihn weder verlangsamen noch beschleunigen, und die Richtung, die er einst eingeschlagen, würde er nie ändern. Und legte er sich einmal zur Ruhe, würde der Erstarrte so, wie er war, zu Stein.

Als Jody sich näherte, hob Großvater grüßend den Hut. »Ei, Jody«, rief er, »wolltest du mir entgegengehen?«

»Ja, Herr Großvater«, entgegnete der Junge geziemend, machte kehrt und suchte seinen Schritt dem des Großvaters anzupassen. »Wir haben Ihren Brief erst heute erhalten.« Er richtete sich kerzengerade auf; er wollte würdevoll wie der Großvater sein.

»Er hätte gestern eintreffen müssen«, tadelte der Alte. »Wie geht es bei euch zu Hause?«

»Gut.«

Das Gespräch stockte, bis Jody schüchtern ansetzte: »Herr Großvater, hätten Sie Lust, morgen eine Mäusejagd mitzumachen?«

»Mäusejagd, Jody?« Ein Gelächter brach aus dem alten Mund. »Ist die heutige Generation so weit heruntergekommen? Viel habe ich nie von ihr gehalten, aber daß Mäuse für sie ein Wildbret seien, hätte ich nicht gedacht.«

»Es ist ja auch bloß ein Spiel, Herr Großvater. Mit

den Heuhaufen ist es zu Ende; da will ich mit den Hunden die Mäuse herausjagen. Sie können zusehen, Herr Großvater, vielleicht auch ein bißchen aufs Heu klopfen.«

»Ach so!« Die treuherzigen Augen blickten hinab zu dem Kinde. »Verspeisen tut ihr sie also nicht; so weit ist es mit euch noch nicht gekommen.«

»Die Hunde fressen sie«, erklärte Jody. »Eine Indianerjagd – das war, glaub ich, etwas anderes, Herr Großvater! …«

»Ja, Kind – aber später, als dann die Truppen anrückten, die Indianer zu Paaren trieben, Kinder erschossen, die Hütten in Brand steckten – da war es wohl nicht viel anders als eure Mäusejagd.«

Sie hatten den Kamm erreicht. Während sie in die Ranchsenke hinunterstiegen, verlor sich die Sonne von ihren Schultern. »Du bist gewachsen«, meinte der Großvater, »um einen Zoll, schätze ich.«

»Mehr!« gab Jody stolz an. »Seit dem Erntefest schon über zwei; wir haben es an der Tür gemessen.« – »Wachstum«, sagte der Alte gravitätisch und heiter, »kann auch von zu vielem Wasser herrühren. Geduld! Es wird sich mit der Zeit herausstellen, ob du Mark in den Knochen hast.«

Jody verstand nicht recht, was der Großvater meinte. Sollte es eine Kränkung sein? Er schaute ihn von der Seite her an, doch in den blauen, scharfen Augen entdeckte er keine Spur von Überheblichkeit. »Vielleicht ist auch Schweineschlachten«, lenkte er verheißungsvoll ab.

»Aber nein! Du willst mich wohl uzen? Jetzt, um diese Jahreszeit, schlachtet man doch kein Schwein – das gebe ich nicht zu, daß ihr mir zu Ehren …«

»Aber unser Riley hat doch – Sie kennen doch den Riley, den großen Eber, Herr Großvater?«

»Gewiß, den Riley kenne ich.«

»In denselben großen Heuhaufen hat er ein solches Loch hineingefressen, daß der ganze Haufen auf ihn gefallen ist, und er ist drunter erstickt.«

»Das haben Schweine so an sich«, erklärte der Großvater, »es liegt in ihrer Natur.«

»Riley war sonst ein braves Schwein; er hat mich sogar manchmal auf sich reiten lassen.«

Eine Tür fiel schallend ins Schloß. In der Vorveranda des Farmhauses stand Jodys Mutter und winkte mit der Schürze ein Willkommen. Vom Stall nahte der Vater, um bei der Ankunft des Gastes rechtzeitig dazusein. Auf den Höhen lagen die letzten Strahlen der Sonne. In flachen, bläulichen Schichten zog sich der Rauch vom Schornstein des Farmhauses über die Senke. Der Wind hatte sich gelegt. Die Wolkenbällchen standen reglos am Himmel.

Billy Buck trat aus dem Schlafhaus, entleerte eine Schüssel mit Seifenwasser und eilte zum Farmhaus. Obwohl heute nicht der Tag ist, hatte er sich rasch noch rasiert. Er verehrte den Großvater, und dieser fand, von der jungen Generation sei Billy einer der wenigen, die unverdorben und nicht verweichlicht wären. Billy Buck war zwar keineswegs mehr der

Jüngste; aber für Großvater war er noch immer ein Knabe.

Als Jody mit Großvater ankam, standen die Eltern mit Billy beim Hoftor. »Hello, Herr Schwiegervater«, grüßte Carl, »wir haben Sie schon erwartet.« Seine Frau gab ihrem Vater einen Kuß auf die Wange. Er klopfte ihr freundlich auf die Schulter.

Billy strahlte über das ganze Gesicht, als ihm der Alte die Hand schüttelte. »Ich schirre Ihr Pferd ab«, erklärte er mit Wärme. Er machte sogar so etwas wie eine kleine Verneigung; dann ging er und brachte das Gefährt zum Stall.

Großvater sah ihm nach. »Ein braver Junge«, bemerkte er und wendete sich der Familie zu. »Seinen Vater habe ich gut gekannt; man nannte ihn immer ›Maultierbuck‹, ich habe nie verstanden, warum; höchstens vielleicht, weil er die Maultiere bepackte.« Wohl hundertmal hatte man den Satz schon aus Großvaters Munde gehört.

Mrs. Tiflin ging den anderen voraus ins Haus. »Wie lang kannst du bleiben, Vater? Du hast nichts darüber geschrieben.«

»Ich weiß nicht; ich dachte, etwa zwei Wochen, aber ich bleibe ja nie so lange, wie ich vorhabe.«

Bald saßen die fünf um den wachstuchgedeckten Tisch beim Abendbrot unter der spiegelnden Hängelampe. Große Fliegen brummten und schlugen von draußen gegen die Scheiben.

Großvater schnitt sein Fleisch in kleine Stückchen und kaute es langsam. »Die Fahrt hier heraus hat mir Hunger gemacht – natürlich keinen solchen Hunger wie seinerzeit meine Fahrt durch die Prärie. Da konnten wir doch nie abwarten, bis das Fleisch gar war. Vier Pfund Büffelfleisch konnte ich damals auf einen Sitz zum Abendessen vertilgen.«

»Das kommt von der Bewegung in freier Luft«, ließ sich Billy vernehmen. »Mein Vater war Packknecht; als kleiner Bube habe ich ihm manchmal geholfen – da haben wir oft wie nichts zu zweit einen ganzen Rehschinken verputzt.«

»Deinen Vater habe ich gut gekannt«, sagte der Großvater, »man nannte ihn immer ›Maultierbuck‹, ich habe nie verstanden, warum; höchstens vielleicht, weil er die Maultiere bepackte.«

»Das war auch der Fall«, bestätigte Billy, »er hat die Maulesel bepackt.«

Großvater legte Messer und Gabel beiseite; seine Blicke wanderten über den Tisch in die Ferne. »Dann aber kamen Tage«, begann er, »da ging uns die Nahrung aus; da waren keine Büffel mehr, keine Antilopen, nicht einmal wilde Kaninchen.« Seine Sprache hatte auf einmal etwas merkwürdig Ausgeleiertes. »Kein schäbiger Kojote kam unseren Schützen vor den Lauf.« Von zahllosen Wiederholungen hatte die Geschichte sich abgenutzt, die Worte, der Klang sich zu eintönigem Singsang abgeschliffen: »Da hieß es denn für den Anführer auf der Hut sein. Ich hatte die Führung und hielt die Augen offen. Warum? Das will ich euch sagen. Sobald die Leute zu hungern beginnen, schlachten sie ihre Gespanne. Ich wußte von Wanderungen, auf denen man das ganze Zugvieh geschlachtet hat, in der Mitte des Zuges fing man an, und dann ging es so weiter mit der Schlachterei bis zur Tête und der Nachhut. Sie verzehrten sogar ihre Leitpferde und schließlich die Stangenpferde. Dem muß der Anführer um jeden Preis vorbeugen.«

Ein großer Käfer summte um die Petroleumlampe. Billy stand auf, setzte ihm nach; seine breiten Hände klatschten zusammen – vergebens! Carl fing den Brummer mit der hohlen Hand, zerdrückte ihn und warf ihn zum Fenster hinaus.

»Der Anführer, wie gesagt –«, setzte Großvater von neuem an, aber sein Schwiegersohn unterbrach: »Essen Sie erst Ihr Fleisch! Der Pudding wartet schon.« Jody sah in den Augen der Mutter Unwillen aufsteigen, aber der Großvater griff bereits wieder zu Messer und Gabel. »Ich erzähle nachher weiter«, versprach er. »Wenn ich nur daran denke, bekomme ich Hunger!«

Das Abendessen war zu Ende; die Familie saß am Kamin im Nebenzimmer. Erwartungsvoll hingen Jodys Augen am Großvater. Der beugte sich vor, starrte in die Glut des Kamins, die hageren Finger umklammerten die Knie – Jody kannte diese Anzeichen; nun würde Großvater beginnen: »Habe ich euch schon einmal von den Piuten erzählt …«, und richtig! Er fing mit den nämlichen Worten an und fuhr fort: »… diesem Diebesgesindel, das uns fünfunddreißig unserer besten Pferde stahl?«

»Das kennen wir«, unterbrach Carl, »es war, bevor Sie nach Tahoe kamen.«

»Richtig«, wendete sich überrascht der Alte an seinen Schwiegersohn, »vielleicht habe ich euch das schon einmal erzählt?«

»Oft!« stach Carl grausam nach und mied den Blick seiner Frau. Aber er fühlte ihre Augen zornig auf sich gerichtet; rasch versicherte er: »Ich höre es aber meinetwegen auch gern noch einmal.«

Wieder starrte Großvater in die Glut. Um seine Knie spannten und entspannten sich seine alten Hände. Jody fühlte, wie ihm zumute war, wie leer, wie ausgehöhlt sein Inneres! Und er? Hatte ihm die Mutter nicht vorhin den Namen des großen Indianerhelden Tekumseh gegeben? Hatte nicht der Vater gesagt, er müsse erst zeigen, daß er das Zeug zu einem Tekumseh hatte? Er wird es zeigen, sogleich! »Herr Großvater«, bat er inständig sanft, »erzählen Sie von den Indianern, den Piuten!«

Da wurde Großvaters Blick wieder treuherzig; wehmütig bemerkte er: »Buben hören gern von Indianern. Männer haben mit den Rothäuten gekämpft, aber nur Kinder wollen heute noch davon hören. Habe ich schon erzählt, wie ich vorschlug, daß jeder Wagen eine mächtige Eisenplatte mitführen sollte?«

Tiflins und Billy schwiegen, allein Jody rief: »Nein, noch nie, Herr Großvater!«

»Wenn die Indianer angriffen«, hub der Alte an, »stellte man immer die Wagen in einem Kreis zusammen und schoß zwischen den Rädern durch. Da dachte ich mir: wenn jeder Wagen eine hohe Eisenplatte mit Schießscharten hätte, könnte man sie vor die Wagen postieren; die Männer könnten im Stehen schießen, hätten so einen besseren Überblick und wären zugleich besser geschützt als zwischen den Rädern. Was dadurch an Verwundeten oder gar Toten gespart wäre, würde die Mehrbelastung durch die Eisenschilde bei weitem aufwiegen. Aber der Trupp wollte nichts davon wissen. Das hat man bisher auch nicht getan, behaupteten sie; es verursacht nur unnötige Kosten. Bald genug sollten sie ihre Kurzsichtigkeit bedauern!«

Jody sah seine Mutter an. Sie hörte nicht zu; der Vater zupfte an einer Schwiele am Daumen; Billy Buck beobachtete eine Spinne, die an der Wand hinaufkroch.

Großvater verfiel wieder in seinen Leierton. Jody kannte jede Hebung und jede Senkung, mit der die Geschichte sich weiterschleppte. Er kannte jedes Wort vom Angriff der Indianer, von den Leiden der Verwundeten, dem Klagegesang über die Toten, den Gräbern inmitten der endlosen Steppe … und lauschte und sah dabei immerzu den Großvater an. Die blauen Augen starrten entrückt; es war, als nehme er selbst an seiner Geschichte schon keinen Anteil mehr. Als sie zu Ende war, entstand eine respektvolle Pause, bis Billy Buck aufstand, an den Hosen ruckte. »Ich denke, ich muß jetzt gehen«, bemerkte er und sah den Großvater an. »Ich habe noch ein altes Pulverhorn, eine alte Kugelpistole und Zündhütchen von damals. Habe ich Ihnen die schon gezeigt?«

»Ich glaube, ja, Billy«, nickte Großvater langsam, »sie erinnerte mich an meine alte gute Pistole von damals, als ich das Volk durch die Steppen führte …« Billy blieb höflich stehen, bis auch diese Geschichte zu Ende war, wünschte dann gute Nacht und verließ das Farmhaus.

Carl Tiflin suchte der Unterhaltung eine andere Wendung zu geben. »Wie sind die Felder zwischen Monterey und hier? Ich habe gehört, ziemlich ausgetrocknet!«

»Kein Tropfen Wasser in der ganzen Laguna Seca«, antwortete der Alte. »Aber das ist noch nichts gegen Anno 87, da war die ganze Gegend ein einziger Staub, und Anno 61 sind alle Kojoten vor Durst krepiert. Heuer hatten wir immerhin fünfzehn Zoll Regen.«

»Nur leider zu früh«, meinte Carl, »jetzt könnten wir etwas davon gut brauchen.« Sein Blick fiel auf Jody. »Geh zu Bett!«

Gehorsam stand Jody auf. »Darf ich die Mäuse im alten Heuhaufen ausrotten, Vater?«

»Mäuse? Gewiß! Billy sagt, es ist kein brauchbares Heu mehr da.« Jody wechselte einen Blick heimlichen Einverständnisses mit dem Großvater und versprach: »Morgen werden alle erledigt.«

Er lag im Bett und gedachte der entschwundenen Zeiten, der untergegangenen Welt der Büffeljäger und Indianer, und wünschte sich, er hätte damals gelebt. Doch nein! Er weiß, er ist nicht aus dem Holz, aus dem man Tekumsehs schnitzt. Keiner, der heute lebt, wäre zu solchen Taten imstande – ausgenommen vielleicht Billy Buck. Ein Geschlecht von Riesen muß damals gelebt haben: furchtlose Männer von einer Zähigkeit, wie es sie heutzutage nirgends mehr gibt. Er dachte an die endlosen Steppen, an die Wagenzüge, die wie riesige Tausendfüßler darüber hinkrochen, an Großvater, wie er auf einem stattlichen Schimmel allen voranritt. Gewaltige Gestalten zogen ihm durch den Sinn – einst wandelten sie auf Erden, nun sind sie für immer geschwunden.

Er vernahm die Geräusche der Stille. In seiner Hundehütte knurrte Smasher, kratzte sich seine Mückenstiche und scheuerte und wetzte sich am Boden. Ein Wind erhob sich, die schwarze Zypresse ächzte. Jody schlief ein.

Eine halbe Stunde bevor der Triangel tönte, war er schon wieder auf den Beinen. Als er durch die Küche kam, stocherte die Mutter im Ofen herum; sie brauchte ein kräftiges Feuer. »Was hast du vor«, fragte sie, »daß du heut schon so zeitig auf bist?«

»Ich suche mir einen kräftigen Stock. Wir wollen Mäuse erledigen.«

»Wer –, wir?«

»Ei, ich und der Großvater.«

»So, du willst den Großvater mit hineinziehen! Du suchst dir immer einen Sündenbock für den Fall, daß es was absetzt.«

»Ich bin rechtzeitig zum Frühstück da«, gab Jody

an, »ich brauche nur einen kräftigen Stock.« Damit schloß er die Glastür hinter sich und trat hinaus in die blaue Kühle des Morgens.

Die Vögel lärmten; vier Katzen kamen wie Schlangen von der Höhe geschlichen. Sie hatten im Dunkel Erdeichhörnchen gejagt, gefressen und waren bis oben hin satt. Trotzdem hockten sie sich im Halbkreis um die Küchentür und miauten kläglich nach Milch. Doubletreedumm und Smasher schnupperten um die Hecke, auf Jodys Pfiff reckten sie die Köpfe, wedelten heftig, sprangen herbei, schüttelten sich und gähnten. Jody tätschelte sie, begab sich zu einem abseits gelegenen Schutthaufen, aus dem er einen alten Besenstiel und einen fingerdicken, kurzen Stecken herausklaubte, zog einen Schnürriemen aus dem Sack, band die Enden der Stöcke locker zu einer Art Dreschflegel zusammen, ließ prüfend die neue Waffe durch die Luft sausen und hieb einige Male fest auf den Boden, daß die Hunde erschreckt vor ihm zurückwichen.

Er befand sich bereits auf dem Weg zum alten Heuhaufen, um rasch einen Blick auf sein heutiges Schlachtfeld zu werfen, als Billy Buck, der geduldig wartend auf den Stufen vor der Eingangstür saß, ihn zurückrief: »Geh lieber hinein; in zwei Minuten ist Frühstück!«

Jody machte kehrt und lehnte seinen Dreschflegel an die Hauswand. »Damit treib ich die Mäuse heraus«, erklärte er, »die werden schön fett sein und haben noch keine Ahnung, was ihnen heute blüht!«

»Du auch nicht«, bemerkte Billy Buck philosophisch, »ich auch nicht und überhaupt kein Mensch.«

Dieser Gedanke beschäftigte Jody. Er sah seine Richtigkeit ein, dachte ihn weiter und weiter, fernab der geplanten Mäusejagd. Doch da trat die Mutter auf die Veranda; der Triangel schrillte, und alle Gedanken zerrannen in nichts.

Großvater fehlte beim Frühstückstisch. Billy wies mit dem Kinn nach dem leeren Stuhl. »Fehlt ihm etwas?«

»Er braucht immer lange zum Anziehen«, erklärte Mrs. Tiflin, »bis er seinen Bart gepflegt, die Gamaschen und Schuhe poliert und den Anzug gebürstet hat …«

Carl streute sich Zucker über den Brei. »Der Anführer einer Wagenkolonne in der Prärie muß allerdings wie aus dem Ei gepellt zum Frühstück erscheinen«, spöttelte er.

»Sei bitte nicht so gehässig!« Mrs. Tiflins Bitte klang drohend. »Sprich nicht so!«

Carl Tiflin fühlte sich durch ihre Ermahnung gereizt. »Na ja«, fuhr er los, »wie oft soll ich mir noch den Quatsch von den eisernen Platten anhören und von den fünfunddreißig gestohlenen Pferden! Der Fall ist seit bald einem halben Jahrhundert erledigt, für mich bestimmt, fertig, erledigt!« Aber trotz dieser Behauptung schimpfte er laut weiter: »Wozu muß er das immerzu wiederkäuen? Er ist durch die Prärie gezogen, schön! Aber jetzt ist er durch, seit bald einem halben Jahrhundert; kein Mensch hat dafür noch Interesse.«

Die Küchentür wurde leise von draußen geschlossen. Die vier saßen reglos starr. Carls Löffel sank langsam in seinen Teller mit Brei. Viel zu spät hielt er den Mund.

Die Küchentür öffnete sich. Großvater trat ein. Er lächelte mit schiefem Kopf. »Guten Morgen!« Er setzte sich und widmete sich seinem Brei.

Carl hielt es nicht aus. »Haben Sie … gehört, was ich sagte?« Kurzes leichtes Nicken.

»Ich weiß nicht, was in mich gefahren ist, Sir. Ich habe es nicht so gemeint; ich wollte bloß ein bißchen Spaß machen.«

Schamerfüllt schaute Jody von unten her nach der Mutter. Sie sah ihren Mann an, sie wagte kaum zu atmen. Furchtbar, wozu er sich da versteht! Für ihn war nichts schrecklicher, als wenn er einmal ein Wort, das er gesagt, zurücknehmen mußte. Doch sich dessen noch schämen zu müssen war tausendmal schlimmer.

Großvater sah ihn nicht an. »Ich möchte nicht ungerecht sein«, sagte er vornehm und sanft. »Ihr braucht mich nicht für verrückt zu halten. An sich ist es mir gleich, was da gesagt wurde. Nur wenn es zuträfe, könnte es mir nicht gleichgültig sein.«

»Es stimmt ja nicht«, rief Carl, und der Schweiß stand ihm auf der Stirn, »es ist nicht wahr! Ich fühle mich heute nicht recht wohl; entschuldigen Sie meine Äußerung!«

»Du brauchst dich nicht zu entschuldigen, Carl. Als alter Mann sieht man manchmal die Dinge nicht so, wie sie sind. Der Zug durch die Steppe kam ja ans Ziel; was braucht man da noch dran zu denken …!«

Carl stand auf. »Ich habe genug gegessen, ich muß an die Arbeit. Laß dir Zeit, Billy!« Und verließ rasch das Zimmer. Billy verschlang den Rest seiner Mahlzeit, dann folgte er ihm. Die Mutter hatte abgetragen und war in der Küche.

Nur Jody konnte sich von seinem Platz an der Seite des Großvaters nicht losreißen. »Erzählen Sie keine Geschichten mehr, Herr Großvater?« fragte er zaghaft.

»Ei, gewiß, aber nur Leuten, von denen ich weiß, daß sie sie hören wollen.« – »Ich will sie hören.«

»Du schon! Aber du bist ein kleiner Junge. Männer haben mit den Rothäuten gekämpft, aber nur Kinder wollen heute noch davon hören.«

Jody rutschte von seinem Stuhl. »Herr Großvater … ich warte draußen auf Sie. Ich habe einen kräftigen Stock für die Mäuse.«

Er wartete hinter dem Lattengeländer der Veranda, bis der Großvater auf die Veranda kam. »Kommen Sie mit, wir wollen die Mäuse töten!«

»Weißt du, Jody, ich sitze lieber hier in der Sonne. Geh du nur Mäuse töten!«

»Wenn Sie wollen, Großvater, gebe ich Ihnen meinen Stecken!«

»Nein, laß mich nur hier sitzen …«

Bekümmert wandte der Junge sich ab und schlich zu dem verrotteten Heuhaufen.

Vergeblich versuchte er seinen Kampfeseifer im Gedanken an die kecken und fetten Mäuse neu zu entfachen. Einige Male haute er mit seinem Dreschflegel auf den Boden. Die Hunde umschmeichelten ihn winselnd.

Es ging einfach nicht. Er blieb stehen, sah zurück. Dünn, schwarz und klein, saß der Großvater auf der Veranda. Jody kehrte zurück, setzte sich auf die Stufen zu Füßen des alten Mannes.

»Schon wieder da? Hast du die Mäuse getötet?«

»Nein, Herr Großvater … lieber ein andermal!«

Vor den Stufen liefen Ameisen, Fliegen summten, der Salbei duftete. Das Lattengeländer wurde heiß von der Sonne.

Großvater hatte zu sprechen begonnen; sein Enkelkind hat es kaum bemerkt. »Ich sollte mich hier nicht länger aufhalten; ich habe keine Lust mehr dazu …« Er blickte auf seine verwitterten sehnigen Hände. »Ich glaube, der Zug durch die Steppe war nicht der Mühe wert …« Sein Blick wanderte hügelan; auf einem kahlen Ast saß reglos ein Falke. »Da erzählt man die alten Geschichten … Will ich sie denn erzählen? Ich weiß nicht … ich weiß nur, was die Leute, denen ich sie erzähle, dabei empfinden sollten, wenn es nach mir ginge …« Sein Blick ruhte auf dem Falken. »Die Indianer – das war nicht die Hauptsache, auch nicht das Abenteuer, nicht einmal, daß wir hierhergelangt sind. Es war der Bund vieler Menschen, geeint zu einem großen lebenden Wesen, das vorwärts drang – und ich war sein Haupt. Es drang gen Westen vor, immer weiter gen Westen. Jeder der Männer wollte etwas für sich, aber das große lebendige Ganze, das wollte nur vorwärts, nur immer weiterziehen. Ich war der Anführer, aber wenn ich nicht mitgemacht hätte, wäre es ein anderer gewesen. Das Ding brauchte ein Haupt …

Die Schatten unter dem niederen Buschwerk standen um Mittag schwarz gegen weiß … Als wir endlich die Berge erblickten, schrien wir auf, wir brüllten, alle … Aber die Hauptsache war nicht, daß wir da waren, sondern die Weiterbewegung, der Wille, vorwärts zu kommen … Wir brachten Leben mit, wir trugen und legten es hier ab, wie die Ameisen dort ihre Eier schleppen. Und ich war der Anführer …

Der Westen war da und war groß wie Gott. Unsere Schritte waren sehr klein, aber es waren unzählig viele, und sie häuften sich, mehr und mehr, bis der Erdteil durchmessen war …

Wir kamen zum Meer, und da war es getan.«

Er hielt inne und wischte sich die geröteten Augen. »Das sollte ich ihnen sagen und keine Geschichten erzählen.«

Jody begann – und Großvater schaute verwundert auf seinen Enkel, der sagte: »Vielleicht werde ich einmal Menschen anführen.« Der alte Mann lächelte. »Es ist kein Platz mehr, um weiterzugehen.

Der Ozean hält dich dort auf. Eine Kette von alten Männern die Küste entlang haßt diesen Ozean, weil er sie hemmte.«

»In Booten könnte es gehen, Herr Großvater.«

»Kein Platz! Jeder Platz ist besetzt. Aber das ist nicht das Schlimme – nein, nicht das Schlimmste. Der Westen – der wilde, schöne Westen ist für die Leute tot; sie haben die Sehnsucht verloren weiterzuziehen … Alles ist abgetan. Dein Vater hat recht: der Fall ist erledigt, fertig.« Seine Finger umkrampften die Knie, auf die er die Augen gesenkt hielt.

Jody saß tief bekümmert. »Möchten Sie ein Glas Limonade, Herr Großvater?« fragte er traurig, »ich will Ihnen eine zubereiten.«

Fast hätte Großvater abgelehnt, aber da sah er des Jungen Gesicht. »Ja«, antwortete er, »das wäre hübsch; eine Limonade wäre mir angenehm.«

Jody rannte in die Küche, in der die Mutter die letzten Teller vom Frühstückstisch abtrocknete. »Eine Zitrone!« stieß er hervor, »ich will Großvater eine Limonade machen.«

»Und noch eine Zitrone, ich will mir auch eine Limonade machen«, ahmte ihn die Mutter nach.

»Nein, Ma, ich will keine.«

»Jody! Was ist dir? Fehlt dir etwas?« Sie sah ihn an und sagte dann sanft: »Nimm eine aus dem Eisschrank! Und hier ist die Zitronenpresse.«

Anton Tschechow
Wanjka

Wanjka Schukow, der neunjährige Junge, der vor
drei Monaten zum Schuster Aljachin in die Lehre
gegeben worden war, legte sich in der Nacht vor
dem Christfest nicht zu Bett. Er wartete den Zeit-
punkt ab, da die Meistersleute und die Gesellen
zum Frühgottesdienst gegangen waren, nahm dann
aus dem Schrank des Meisters ein Tintenfaß und einen Federhalter mit verrosteter Feder, breitete ein
zerknittertes Blatt Papier vor sich aus und machte
sich ans Schreiben. Bevor er den ersten Buchstaben
hinmalte, blickte er sich scheu nach Tür und Fenster
um, schielte auf das dunkle Heiligenbild, zu dessen
beiden Seiten sich Regale an der Wand hinzogen,
und seufzte etliche Male auf. Das Papier lag auf der
Bank, er aber kniete davor.

Er schrieb:

»Liebes Großväterchen, Konstantin Makarytsch!
Und nun schreibe ich Dir einen Brief. Ich gratuliere
Ihnen zum Weihnachtsfest und wünsche Dir alles
Gute von Gott dem Herrn. Ich habe weder Vater
und Mutter. Du allein bist mir geblieben.«

Wanjka richtete seine Augen auf das dunkle Fenster, in dem sich die Flamme der Kerze widerspie-
gelte, und er erinnerte sich lebhaft seines Großvaters Konstantin Makarytsch, der als Nachtwächter

bei den Herrschaften Schiwarew diente. Er ist ein kleines hageres, aber sehr flinkes und bewegliches Männchen, etwa fünfundsechzig Jahre alt, mit immer lächelndem Gesicht und weinseligen Äuglein. Des Tags schläft er in der Gesindeküche oder schwatzt mit den Köchinnen, nachts aber geht er, in einen weiten Schafpelz gehüllt, um das Herrenhaus herum und knarrt mit seiner Knarre. Hinter ihm schreiten gesenkten Kopfes die beiden Hunde, die alte Kaschtanka (die Kastanienbraune) und der Wjun (der Flinke), so benannt wegen seiner äußerlichen Ähnlichkeit mit einem Wiesel. Dieser Wjun ist ungemein ehrwürdig und zutunlich: mit gleicher Freundlichkeit betrachtet er Bekannte und Fremde, doch erfreut er sich keines guten Rufs. Hinter seiner Ehrwürdigkeit und Demut versteckt sich die echt jesuitische Heimtücke. Kein anderer Hund versteht so gut wie er, in unbewachtem Augenblick an einen heranzuschleichen und einen am Fuß zu packen, in den Keller hinabzusteigen und bei dem Bauern ein Huhn zu stehlen. Schon oft wurden ihm die Hinterläufe fast lahm geschlagen, zweimal versuchte man ihn zu erhängen, jede Woche wurde er halb totgeprügelt – aber noch jedesmal ist er zu neuem Leben erwacht.

Jetzt steht gewiß der Großvater an der Pforte, richtet seine zusammengekniffenen Augen auf die grellroten Fensterscheiben der Dorfkirche, plaudert mit dem Hofgesinde und stampft dabei mit den Filzstiefeln auf. Die Knarre hängt an seinem Gürtel. Er schlägt die Hände zusammen, zittert vor Kälte und kneift, nach Greisenart lachend, bald das Stubenmädchen, bald die Köchin. »Solltet ihr nicht Tabak schnupfen?« fragt er und reicht den Weibern seine Tabaksdose. Die Weiber riechen am Tabak und niesen. Der Großvater gerät in ein unbeschreibliches Entzücken, bricht in ein fröhliches Lachen aus und ruft: »Wischt den Tabak von der Nase, er ist angefroren.« Auch die Hunde müssen am Tabak riechen. Kaschtanka niest, verzieht das Maul und geht beleidigt zur Seite. Wjun niest seiner Ehrwürdigkeit wegen nicht und wedelt mit dem Schwanz.

Das Wetter aber ist herrlich, die Luft still, klar und frisch. Die Nacht ist dunkel, doch sieht man das ganze Dorf mit seinen weißen Dächern und Rauchsäulen, die aus den Schornsteinen aufsteigen; man sieht die vom Reif versilberten Bäume, die Schneehaufen. Der ganze Himmel ist übersät von lustig blinkenden Sternen, und die Milchstraße ist so deutlich zu erkennen, als habe man sie vor dem Feiertag mit Schnee geputzt und abgerieben …

Wanjka seufzt, taucht die Feder ins Tintenfaß und schreibt weiter:

»Gestern aber habe ich eine Tracht Prügel bekommen. Der Meister schleifte mich an den Haaren auf den Hof hinaus und hat mich mit dem Spannriemen verdroschen, weil ich aus Versehen eingeschlafen bin, als ich ihr Kind, das in der Wiege lag, schaukeln sollte. In dieser Woche aber befahl mir die Meisterin, einen Hering zu putzen, ich fing aber vom Schwanz her an, worauf sie den Hering nahm und mir sein Maul ins Gesicht stieß. Die Gesellen machen sich über mich lustig, schicken mich in die Schänke nach Branntwein und befehlen mir, den Meistersleuten Gurken zu stehlen; der Meister aber schlägt mit allem, was ihm gerade in die Hände kommt. Zu essen aber gibt's nichts. Am Morgen kriegt man Brot, zu Mittag Grütze und am Abend wieder Brot, was aber Tee und Kohlsuppe betrifft, so fressen das die Meistersleute selbst. Schlafen aber muß ich im Flur, wenn aber ihr Kindchen weint, dann schlafe ich gar nicht, sondern schaukle die Wiege. Liebes Großväterchen! erweise mir um Gottes willen die Gnade und nimm mich von hier weg nach Hause ins Dorf, hier ist es ganz unmöglich … Ich tue Dir einen Fußfall und werde ewig für Dich zu Gott beten, nur nimm mich von hier fort, sonst sterbe ich.«

Wanjka verzog den Mund, fuhr sich mit seiner schmutzigen Faust über die Augen und schluchzte auf.

»Ich werde Dir den Tabak reiben«, schrieb er weiter, »werde fleißig zu Gott beten, sollte aber etwas sein, was Dir nicht gefällt, so kannst Du mich ja wie Sidors Ziege schlagen. Wenn du aber denkst, ich hätte dort keine Arbeit, so will ich den Verwalter in Jesu Namen anflehen, daß er mich zum Stiefelputzen nimmt, oder ich verdinge mich an Fedjkas Stelle als Hütejunge. Liebes Großväterchen, hier ist es ganz unmöglich, der wahre Tod. Ich wollte schon zu Fuß ins Dorf zurücklaufen, habe aber keine Stiefel und fürchte den Frost. Wenn ich groß werde, will ich Dich ernähren und werde darauf sehen, daß niemand Dich beleidigt, wenn Du aber gestorben sein wirst, dann werde ich für Dich wie für mein Mütterchen Pelageja Messen lesen lassen.

Moskau aber ist eine große Stadt. Hier sind nur herrschaftliche Häuser, und Pferde gibt's hier viele, Schafe aber gar nicht, und die Hunde sind nicht böse. Mit dem Stern° gehen hier die Jungen nicht umher, und im Kirchenchor darf man hier nicht mitsingen. In einer Bude sah ich aber einmal im Schaufenster Angelhaken samt Angelschnur zum Verkauf ausliegen, damit kann man jeden Fisch fangen, ja es gibt sogar einen solchen Haken, mit dem man einen Wels, der ein Pud wiegt, herausziehen kann. Und ich habe solche Läden gesehen, wo allerlei Flinten von der Art, wie sie unser Herr hat, verkauft werden, so daß jede wohl hundert Rubel kostet ... In den Fleischerbuden aber gibt es Birkhühner, Haselhühner und Hasen, wo man sie aber schießt, das sagen die Verkäufer nicht. Liebes Großväterchen, wenn aber bei der Herrschaft der Weihnachtsbaum mit dem Naschwerk sein wird, dann nimm mir eine vergoldete Nuß und verwahre sie im grünen Kasten. Bitte Dir die Nuß bei dem Fräulein Olga Ignatjewna aus, sag dabei: die ist für Wanjka.«

Wanjka seufzte schwer auf und starrte wieder auf das Fenster. Er erinnerte sich, daß der Großvater

---

° Umzug der Jungen am ersten Weihnachtsfeiertag

immer im Wald den Tannenbaum für die Herrschaft holte und ihn, den Enkel, mit sich nahm. Das war eine fröhliche Zeit gewesen! Der Großvater ächzte, der Frost ächzte, und auch Wanjka ächzte mit. Es kam vor, daß der Großvater, bevor er die Tanne fällte, seine Pfeife ausrauchte, lange Tabak schnupfte und über den erfrorenen Wanjka seine Späßchen machte … Die jungen, in Reif gehüllten Tannen stehen unbeweglich und warten darauf, welcher von ihnen der Tod bestimmt ist. Plötzlich fliegt pfeilschnell ein Hase über die Schneehaufen dahin … Der Großvater kann's nicht lassen, er muß rufen: »Halt, halt … halt! Ach du stummelgeschwänzter Satan!«

Die gefällte Tanne trägt der Großvater ins Herrenhaus, und dort beginnt man sie zu schmücken … Am meisten macht sich das Fräulein Olga Ignatjewna zu schaffen, die der Wanjka ganz besonders in sein Herz geschlossen hat. Als noch Wanjkas Mutter Pelageja lebte, die bei den Herrschaften als Stubenmädchen diente, da pflegte Olga Ignatjewna dem Wanjka Bonbons zu geben, lehrte ihn aus Langerweile lesen, schreiben, bis hundert zählen und sogar Quadrille tanzen. Als aber Pelageja gestorben war, da verwies man die Waise Wanjka in die Küche zum Großvater, und von dort kam er nach Moskau zum Schuster Aljachin …

Wanjka schrieb weiter:

»Komm her, liebes Großväterchen, ich flehe Dich in Gottes Namen an, nimm mich fort von hier. Erbarme Dich meiner, der unglücklichen Waise; hier schlagen mich alle, und ich habe fürchterlichen Hunger, die Langweile aber ist so groß, daß man es gar nicht sagen kann, ich weine immer. Unlängst schlug mich der Meister so stark mit dem Leisten, daß ich zu Boden fiel und nur mit Mühe zu mir kam. Mein Leben ist ein verlorenes, ich leb schlimmer als ein Hund … Und ich grüße noch Aljona, den schiefen Jegor, den Kutscher; meine Harmonika aber gib niemandem. Ich verbleibe Dein Enkel Iwan Schukow. Liebes Großväterchen, kommt her …«

Wanjka faltete den beschriebenen Bogen vierfach zusammen und steckte ihn in einen Umschlag, den er am Abend vorher für eine Kopeke gekauft hatte. Er dachte ein wenig nach, tauchte dann nochmals die Feder in die Tinte und schrieb die Adresse:

»Dem Großväterchen im Dorf.«

Darauf kratzte er sich hinterm Ohr, sann nach und fügte hinzu: »Dem Konstantin Makarytsch.«

Damit zufrieden, daß niemand ihn beim Schreiben gestört hatte, setzte er die Mütze auf und lief ohne Pelz, nur im Hemd, hinaus auf die Straße … Die Verkäufer in der Fleischbude hatten ihm am Tag vorher auf seine Frage gesagt, daß man Briefe in die Postkasten wirft, von wo betrunkene Postkutscher, die mit einem Dreigespann und Schellengeläut fahren, sie ins ganze Land austragen. Wanjka lief bis zum ersten Postkasten und steckte den kostbaren Brief in den Schlitz …

Nach einer Stunde schlief er bereits ganz fest, von süßen Hoffnungen gewiegt … Im Traum sah er den

Ofen; auf der Ofenbank sitzt der Großvater, läßt die nackten Füße herabhängen und liest den Köchinnen den Brief vor ... am Ofen geht der Wjun hin und her und wedelt mit dem Schwanz.

Biographische Notizen

Capote, Truman   Geburtsname Truman Streckfus Persons, geb. am 30. September 1924 in New Orleans, gest. am 25. August 1984 in Los Angeles, war US-amerikanischer Schriftsteller, Schauspieler und Drehbuchautor. Sein Romandebüt *Other Voices, Other Rooms* war eine literarische Sensation und wurde 1948 in den USA und in Europa heftig diskutiert.

Gorki, Maxim   Geburtsname Alexei Maximowitsch Peschkow, geb. am 16. März 1868 in Nischni Nowgorod, gest. am 18. Juni 1936 in Gorki bei Moskau, war ein russischer Schriftsteller. Er wuchs in ärmlichen Verhältnissen auf und musste schon als Kind hart arbeiten. Er eignete sich als Autodidakt ein umfassendes Wissen an. 1894 gelang ihm mit der Erzählung *Tschelkasch* der Durchbruch als Schriftsteller.

Kaschnitz, Marie Luise   Eigentlich Marie Luise Freifrau von Kaschnitz-Weinberg, geborene von Holzing-Berstett, geb. am 31. Januar 1901 in Karlsruhe, gest. am 10. Oktober 1974 in Rom, war deutsche Lyrikerin und Autorin von Erzählungen. 1955 wurde sie mit dem Georg-Büchner-Preis ausgezeichnet.

Nabokov, Vladimir   Geb. am 10. April 1899 in Sankt Petersburg, gest. am 2. Juli 1977 in Montreux, war ein russisch-amerikanischer Schriftsteller, Literaturwissenschaftler und Schmetterlingsforscher. Er zählt zu den einflussreichsten Erzählern des 20. Jahrhunderts.

Naipaul, V. S.   Sir Vidiadhar Surajprasad Naipaul, geb. am 17. August 1932 in Chaguanas, Trinidad, ist ein westindischer Schriftsteller, der im Jahr 2001 den Nobelpreis für Literatur erhielt. Heute lebt Naipaul in England.

Piontek, Heinz   Geb. am 15. November 1925 in Kreuzberg (Oberschlesien), gest. am 26. Oktober 2003 in Rotthalmünster bei Passau, war ein deutscher Schriftsteller.

Steinbeck, John   John Ernst Steinbeck, geb. am 27. Februar 1902 in Salinas, Kalifornien, gest. am 20. Dezember 1986 in New York, gehört zu den erfolgreichsten US-amerikanischen Autoren des 20. Jahrhunderts. Er schrieb zahlreiche Romane, Kurzgeschichten und Novellen, arbeitete zeitweilig als Journalist und war im Zweiten Weltkrieg als Kriegsberichterstatter tätig. 1940 erhielt er den Pulitzer-Preis für seinen Roman *Früchte des Zorns* und 1962 den Nobelpreis für Literatur.

Tschechow, Anton   Geb. am 17. Januar 1860 in Taganrog, Russland, gest. am 2. Juli 1904 in Badenweiler, war ein russischer Schriftsteller, Novellist und Dramatiker. Seinen Beruf als Arzt praktizierte er fast ausschließlich ehrenamtlich. Gleichzeitig schrieb und publizierte er zwischen 1880 und 1903 über 600 literarische Werke. International ist Tschechow vor allem als Dramatiker bekannt. Mit seinen zahlreichen Theaterstücken, Erzählungen und Novellen gilt er als einer der bedeutendsten Autoren der russischen Literatur des ausgehenden 19. Jahrhunderts und der Jahrhundertwende.

Quellenangaben

Capote, Truman: Weihnachtserinnerungen. Aus dem amerikanischen Englisch von Ursula-Maria Mössner. Erschienen in: Truman Capote, Baum der Nacht. Alle Erzählungen. Copyright © 2007 Kein & Aber AG, Zürich

Gorki, Maxim: Die Nachtigall. Erschienen 1895 in der Samarskja Gazetta. Aus dem Russischen von Gudrun Ziegler. Copyright © der deutschen Übersetzung: Gudrun Ziegler

Kaschnitz, Marie Luise: Lupinen. Aus: Marie Luise Kaschnitz, Gesammelte Werke. Hrsg. von Christian Büttner und Norbert Miller. Bd 4: Die Erzählungen. Copyright © Insel Verlag 1966

Nabokov, Vladimir: Wolke, Burg, See. Aus dem Englischen von Renate Gerhardt u. Dieter E. Zimmer. Aus: Vladimir Nabokov, Erzählungen 2. 1935–1951. Gesammelte Werke Bd. 14., Copyright © 1966, 1983, 1984, 1989 by Rowohlt Verlag GmbH, Reinbek bei Hamburg

Naipaul, V. S.: Des Nachtwächters Stundenbuch. Mr. Stone and the Knight's Companion. Copyright © V. S. Naipaul, 1963. Alle Rechte vorbehalten. Aus dem Englischen von Kathrin Razum, Walter Ahlers. Aus: V. S. Naipaul, Des Nachtwächters Stundenbuch und andere komische Entdeckungen. Copyright © 2004 Claassen Verlag in der Ullstein Buchverlage GmbH, Berlin

Piontek, Heinz: Erde unter dem Schnee. Aus: Heinz Piontek, Werke in sechs Bänden. Bd. 3: Feuer im Wind. Die Erzählungen. Die Hörspiele. Eine Komödie. Droemer Knaur/Copyright © 1985 Schneekluth Verlag GmbH, München. Copyright © by Bergstadtverlag Wilhelm Gottlieb Korn, Würzburg

Steinbeck, John: Der Anführer. Aus: John Steinbeck: Der rote Pony. Aus dem amerikanischen Englisch von Rudolf Frank. Copyright © 1992 Paul Zsolnay Verlag, Wien

Tschechow, Anton: Wanjka. Aus dem Russischen von J. Treumann. Aus: Anton Tschechow, Katjenka. Russische Kindergeschichten. Eugen Diederichs Verlag, 1962

Leider konnten nicht alle Rechteinhaber ermittelt werden. Berechtigte Honorarempfänger wenden sich bitte an die Büchergilde Gutenberg in Frankfurt am Main.